읽다 보면 문해력이 저절로

그래서 이런 속담이 생겼대요

우리누리 글 | 이창우 그림

길벗스쿨

들어가며

어린 시절, 엄마랑 시장 가는 게 정말 재미있었어요. 시장에서 엄마와 함께 호떡이나 어묵을 사 먹으면 그렇게 신이 날 수 없었어요. 싱싱한 과일들이 저마다 알록달록 빛깔을 뽐내는 과일 가게를 가는 것도 좋았고, 김이 폴폴 나는 두부 가게에 가는 것도 좋았어요. 그런데 엄마는 종종 이런 말을 했어요.

"같은 값이면 다홍치마라고, 예쁜 걸 골라야지."
"두부만 샀는데 비지까지 얻어 오니 꿩 먹고 알 먹고야."

처음에는 무슨 뜻인지 정확히 몰랐지만 자라면서 이런 말들이 속담이라는 것을 알게 됐어요.

속담이란 옛날부터 전해 오는 조상들의 지혜를 담은 짧은 말을 가리켜요. 주로 우리에게 교훈과 가르침을 주거나 어떤 일을 익살스럽게 풍자하기 위해 많이 썼지요. 속담에는 함축적이고 비유적인 표현이 많아 속담을 많이 알고 공부할수록 어휘력과 문해력이 좋아집니다. 또 지금은 잘 쓰지 않는 단어나 표현을 익히면서 우리 조상들이 옛날에 어떤 생활을 했는지, 어떤 가치관을 지니고 살았는지도 배울 수 있지요.

이 책에는 일상생활에서 자주 쓰는 속담과 그 속담의 정확한 뜻풀이를 담았어요. 뿐만 아니라 어떤 속담이 나오게 된 사정을 들여다볼 수 있게 구성했어요. 그러면 속담을 더 정확하게 사용할 수 있고 속담의 깊은 뜻을 더 잘 이해할 수 있거든요. 또 유쾌한 네 칸 만화를 보며 어떤 상황에서 그런 속담을 쓰는지 자연스레 익힐 수 있어요.

속담은 싱겁고 재미없는 대화에 마치 기름처럼 윤기가 돌게 해요. 말의 의미를 재치 있게 전달하면서도 내가 말하고자 하는 바를 훨씬 더 풍부하게 표현할 수 있지요. 여러분도 이왕이면 속담을 활용해서 말을 해 보세요. 평범하게 이야기할 때보다 훨씬 더 잘 가닿을 거예요.

"얘들아, 가는 말이 고와야 오는 말이 고운 법이야. 그러니 욕은 하지 말자."
"형, 뿌린 대로 거둔다고 했어. 실컷 놀기만 하고 성적이 잘 나오길 바라면 안 되지!"

자, 그러면 이제 속담 책 재미있게 읽고 친구들과 더 멋지게 대화해 보세요. 말도 잘 못하고 책 읽는 것도 싫어해서 자신 없다고요? 천 리 길도 한 걸음부터라고 했어요. 한 장 한 장 읽다 보면 어느새 속담 왕이 되어 있을걸요?

-우리누리

들어가며 2

생활과 풍속에서 나온 속담

소 잃고 외양간 고친다 10
아니 땐 굴뚝에 연기 나랴 12
가는 날이 장날 14
되로 주고 말로 받는다 16
같은 값이면 다홍치마 18
낫 놓고 기역 자도 모른다 20
등잔 밑이 어둡다 22
떡 줄 사람은 생각도 않는데 김칫국부터 마신다 24
구관이 명관이다 26
개똥도 약에 쓰려면 없다 28
부뚜막의 소금도 집어넣어야 짜다 30
구더기 무서워 장 못 담글까 32
콩으로 메주를 쑨다 해도 곧이듣지 않는다 34

동물에 빗댄 속담

가재는 게 편 38
고래 싸움에 새우 등 터진다 40
꿩 먹고 알 먹고 42

개구리 올챙이 적 생각 못 한다 44
쇠귀에 경 읽기 46
우물 안 개구리 48
고슴도치도 제 새끼는 함함하다고 한다 50
뱁새가 황새 따라가면 가랑이 찢어진다 52
굼벵이도 구르는 재주가 있다 54
닭 쫓던 개 지붕 쳐다본다 56
까마귀 날자 배 떨어진다 58
어물전 망신은 꼴뚜기가 시킨다 60
지렁이도 밟으면 꿈틀한다 62
호랑이에게 물려 가도 정신만 차리면 산다 64

3장
사람의 심리가 담긴 속담

가는 말이 고와야 오는 말이 곱다 68
바늘 도둑이 소도둑 된다 70
간에 붙었다 쓸개에 붙었다 한다 72
꿈보다 해몽이 좋다 74
이 없으면 잇몸으로 산다 76
내 코가 석 자 78
남의 밥그릇이 더 커 보인다 80
저 먹자니 싫고 남 주자니 아깝다 82

똥 누러 갈 적 다르고 올 적 다르다 84
금강산도 식후경 86
바다는 메워도 사람 욕심은 못 채운다 88
잘되면 제 탓, 안되면 조상 탓 90
남의 제사에 감 놔라 배 놔라 한다 92
웃는 낯에 침 못 뱉는다 94
미운 놈 떡 하나 더 준다 96
제 꾀에 제가 넘어간다 98
제 버릇 개 못 준다 100

4장
역사 속 인물이 가르쳐 준 속담

공든 탑이 무너지랴 104
구르는 돌은 이끼가 끼지 않는다 106
말이 씨가 된다 108
우물을 파도 한 우물을 파라 110
무쇠도 갈면 바늘 된다 112
산 입에 거미줄 치랴 114
이미 엎질러진 물이다 116
열 번 찍어 안 넘어가는 나무 없다 118
티끌 모아 태산 120
하늘이 무너져도 솟아날 구멍이 있다 122
신선놀음에 도낏자루 썩는 줄 모른다 124

평안 감사도 저 싫으면 그만이다 126
호랑이는 죽어서 가죽을 남기고, 사람은 죽어서 이름을 남긴다 128
될성부른 나무는 떡잎부터 알아본다 130

 세상의 이치를 담은 속담

낮말은 새가 듣고 밤말은 쥐가 듣는다 134
뛰는 놈 위에 나는 놈 있다 136
고생 끝에 낙이 온다 138
천 리 길도 한 걸음부터 140
물이 깊어야 고기가 모인다 142
윗물이 맑아야 아랫물이 맑다 144
뿌린 대로 거둔다 146
입에 쓴 약이 병에는 좋다 148
지성이면 감천 150
피는 물보다 진하다 152
팔십 노인도 세 살 먹은 아이한테 배울 것이 있다 154

찾아보기 156

일러두기

- 속담의 뜻은 국립국어원 『표준국어대사전』과 『우리말샘』을 주로 참고해 풀이했어요.
- 한 속담에도 상황에 따라 여러 가지 뉘앙스가 있을 수 있지만, 이 책에는 가장 대표적인 뜻풀이를 실었어요.
- 속담은 오래전부터 전해 내려오는 이야기이기 때문에 그 유래와 관련해서는 전해지는 내용이 자료마다 조금씩 다르기도 해요. 더 궁금한 점은 직접 조사해 보세요.

1장 생활과 풍속에서 나온 속담

소 잃고 외양간 고친다

뜻풀이
일이 잘못된 뒤에는 손을 써도 소용이 없음을 비꼬는 말.

"여보, 오늘은 제발 외양간 좀 고쳐요!"

"알았다니까요!"

박 영감 부부는 아침부터 또 목소리를 높였어요. 부인은 화가 폭발하고야 말았어요.

"알았다고 한 게 벌써 며칠째예요! 한쪽 지지대가 썩어서 곧 부서지게 생겼는데, 당신 눈에는 저게 안 보여요?"

부인이 잔소리를 퍼붓자 박 영감은 기분이 상해 휭하니 밖으로 나가 버렸어요.

그렇게 하루가 지나 이튿날 아침이 되었어요.

"에구머니, 이를 어째! 여보, 나와 봐요. 얼른 나와 보라고요!"

부인은 비명에 가까운 소리를 질렀어요. 외양간에 있어야 할 소가 보이지 않았거든요. 지지대가 부서져 있는 걸 보니 소가 그 사이로 빠져나간 것 같았어요. 박 영감 부부는 온 마을을 돌며 소를 찾았지만 소는 어디에서도 찾을 수 없었어요.

어깨가 축 늘어져 집으로 돌아온 박 영감은 그제야 외양간을 고치기 시작했어요. 그 모습을 보고 부인이 퉁명스럽게 말했어요.

"소 잃고 나서 외양간 고치면 뭐 합니까? 이제 키울 소도 없는데……."

외양간은 농경 사회에서 가장 큰 재산인 소를 기르는 곳이에요. 외양간을 아무렇게나 내버려두었다가 소를 잃어버리고 나서 고쳐 봐야 아무 소용이 없겠죠? 이처럼 평소에 준비를 소홀히 하다가 일을 그르친 뒤에야 후회하며 손을 쓰려는 사람을 두고 '소 잃고 외양간 고친다'라고 해요.

아니 땐 굴뚝에 연기 나랴

뜻풀이
원인이 없으면 결과도 있을 수 없음을 비유적으로 이르는 말.

어느 마을에 구두쇠 영감이 살고 있었어요. 하루는 구두쇠 영감이 큰마음 먹고 닭을 한 마리 잡았어요.

'날이 너무 더워 그런지 요즘 영 기력이 없어.'

구두쇠 영감은 혹시나 구수한 음식 냄새를 맡고 이웃들이 찾아올까 봐 부엌문을 꼭꼭 걸어 잠그고 닭을 푹 고았어요. 드디어 혼자 맛있게 먹으려는 찰나, 밖에서 문 두드리는 소리가 들렸어요.

문을 열어 보니 옷차림이 초라한 사내가 서 있었어요. 행색을 보니 거지가 틀림없었어요.

"영감님, 너무 배가 고파 그러니 밥 한 끼만 주십시오."

"예끼, 이놈 썩 꺼져라! 요즘 나도 며칠 쫄쫄 굶고 있다."

"아니 땐 굴뚝에 연기 나겠습니까? 언덕 위에서 보니 영감님 댁 굴뚝에서 연기가 나기에 밥을 짓는 줄 알고 왔습죠."

그러나 구두쇠 영감은 끝까지 잡아떼고 거지를 내쫓았어요. 그러고는 혼자서 닭고기를 맛있게 먹었어요.

며칠 뒤, 다른 마을 부잣집에서 잔치를 연다고 해서 구두쇠 영감도 얼른 달려갔어요. 그런데 그 집에 간 구두쇠 영감은 깜짝 놀랐어요. 얼마 전에 구두쇠 영감이 내쫓은 거지가 바로 그 집 아들이었거든요. 결국 구두쇠 영감은 잔칫집에서 아무것도 얻어먹지 못했지요.

옛날 집에서는 아궁이에 불을 때면 연기가 굴뚝으로 빠져나가요. 그러니 불을 때지 않으면 연기가 날 리 없지요. 따라서 '아니 땐 굴뚝에 연기 나랴'라는 속담은 모든 일에는 반드시 그런 일이 일어날 만한 원인이 있다는 뜻이에요. 원인이 없으면 결과가 있을 수 없다는 것을 비유적으로 이르는 말이지요.

가는 날이 장날

뜻풀이
어떤 일을 하려고 하는데 뜻하지 않은 일이 생긴 상황을 비유한 말.

대추마을에 사는 돌이는 밤새 엎치락뒤치락 잠을 설쳤어요. 그러자 할아버지가 물었어요.

"머리만 대면 아무 데서나 잘 자던 놈이 왜 그러느냐?"

돌이는 도저히 못 참겠다는 듯 자랑했어요.

"오늘 아랫마을 분이랑 만나기로 약속했거든요."

아침이 되자 돌이는 말쑥하게 차려입고 약속 장소로 서둘러 나갔어요.

그런데 한적할 줄 알았던 공터가 사람들로 북적대고, 어떤 사내가 막무가내로 돌이를 밀어 냈어요.

"저쪽으로 좀 비키시오. 여기에 천막을 쳐야 해요."

"오늘이 무슨 날입니까? 왜 이렇게 사람들이 몰려들죠?"

그러자 사내가 어이없다는 표정으로 말했어요.

"아니, 오늘이 장날인 줄도 모르시오?"

돌이는 정신이 번쩍 들었어요. 날짜를 계산해 보니, 그날은 아주 큰 오일장이 서는 날이었어요.

"어휴, 가는 날이 장날이라더니, 하필 이렇게 중요한 날에……."

돌이는 그날 온종일 분이를 찾아 시장을 이리저리 헤맸답니다.

옛날에는 시장이 날마다 열리지 않았어요. '장날'이라고 해서 보통 사흘이나 닷새 만에 장이 섰지요. 닷새에 한 번씩 열리는 장은 '오일장'이라고 했고요. 장날에는 많은 사람들이 모여서 물건을 사고팔았어요. '가는 날이 장날'이라는 말은 어떤 일을 하려고 하는데 뜻지 않은 일이 생겼을 때 써요. 주로 좋지 않은 경우에 사용하지만, 뜻밖에 좋은 일과 우연히 겹칠 때 사용하기도 해요.

되로 주고 말로 받는다

> 뜻풀이
> 남을 골탕 먹이려다가 자기가 더 크게 당한다는 뜻.

방에 틀어박혀 글만 읽던 선비가 모처럼 시장 구경을 했어요. 시장에서 선비가 닭을 신기한 듯이 바라보자, 순간 닭 장수의 머릿속에 못된 생각이 떠올랐어요.

'닭을 처음 보는 모양인데 봉황이라고 속여 볼까?'

닭 장수는 선비에게 닭을 봉황이라고 속여 열 냥에 팔았어요. 봉황을 싼값에 샀다고 여긴 선비는 닭을 들고 사또를 찾아갔어요.

"사또, 이 귀한 봉황을 바치오니 부디 고을을 잘 부탁드립니다."

사또는 깜짝 놀랐어요. 그건 분명 닭이었거든요.

"네 이놈! 여기가 어디라고 감히 거짓말을 하느냐!"

사또의 불호령에 선비는 오늘 시장에서 있었던 일을 이야기했어요. 결국 닭 장수는 사또 앞으로 끌려와 싹싹 빌었어요.

"죽을죄를 지었습니다. 한 번만 용서해 주십시오. 닭값은 돌려주겠습니다."

그러면서 닭 장수가 열 냥을 내놓자, 선비가 황당하다는 투로 말했어요.

"저는 분명 백 냥을 주고 샀습니다. 세상에 어느 누가 봉황을 겨우 열 냥에 판단 말입니까?"

사또는 선비의 말에 고개를 끄덕였어요.

"네 말이 옳다. 닭 장수는 선비에게 백 냥을 돌려주어라!"

닭 장수는 울며 겨자 먹기로 선비에게 백 냥을 건네야 했어요.

되와 말은 옛날에 쌀이나 콩의 양을 재던 단위로, 한 말은 한 되의 열 배예요. 따라서 '되로 주고 말로 받는다'는 조금 주고서 그 대가를 몇 곱절이나 많이 받는다는 뜻이에요.

같은 값이면 다홍치마

> **뜻풀이**
> 값이 비슷하다면 좀 더 좋은 것을 선택한다는 뜻.

목단이네 집은 요즘 정말 바빠요. 목단이 언니가 혼례 준비를 하기 때문이죠. 오늘은 언니가 혼례식 때 입을 옷을 사러 간다고 해서 목단이도 엄마와 함께 가기로 했어요.

언니는 옷 가게에 들어가서 아주 예쁜 다홍색 치마를 골랐어요. 언뜻 봐도 윤기가 자르르 흐르는 고급 치마였지요.

"엄마! 나도 치마 하나 사 주세요. 네?"

목단이가 졸라 대자 엄마는 하는 수 없이 목단이에게도 치마를 하나 사 주기로 했어요.

"나도 다홍색이 좋아요! 다홍색 치마 살래요."

그런데 목단이 말에 엄마와 언니는 물론이고 옷 가게 주인까지 웃는 게 아니겠어요?

"얘야, 넌 다홍색 치마는 살 수 없단다."

"왜요? 이 치마가 더 비싼가요?"

"그게 아니고 우리 같은 평민들은 일생에 단 한 번, 혼례식 때만 다홍치마를 입을 수 있거든. 목단이 너도 나중에 혼인할 때는 다홍치마를 입을 수 있어."

조선 시대에 '다홍치마'는 왕족만 입을 수 있는 색깔의 옷이었어요. 그래서 다홍치마는 다른 색깔의 치마보다 더 특별하고 좋게 여겨졌어요.

따라서 '같은 값이면 다홍치마'라는 말은 같은 조건이라면 좀 더 좋은 쪽을 선택한다는 뜻이에요. 값이 똑같을 때는 당연히 더 예쁘고 좋은 것을 고르는 게 사람 마음이지요.

낫 놓고 기역 자도 모른다

뜻풀이
글자를 전혀 모르는 사람이나 아주 무식한 사람을 일컫는 말.

정승에게는 아들이 하나 있었어요. 그런데 아들은 머리가 아주 나빠서, 정승은 최고의 학자를 불러 아들을 가르치려 했지요.

학자는 정승 아들에게 천자문부터 가르쳤어요.

"하늘 천, 땅 지, 검을 현……."

그러나 아무리 가르쳐도 정승 아들은 천자문을 외우지 못했어요. 학자는 가슴을 치며 말했어요.

"정말 더는 못 하겠습니다. 낫 놓고 기역 자도 모르는 아이에게 뭘 가르치겠습니까. 차라리 소한테 가르치는 편이 낫겠습니다."

그 말에 정승은 화가 머리끝까지 났어요.

"내 아들이 소보다 못하다고? 그럼 소한테 가르쳐 보시오!"

학자는 그날부터 소에게 천자문을 가르쳤어요.

어느 날, 학자는 마당에 소를 데려와 정승과 아들을 불렀어요.

"자, 보십시오! 하늘 천, 땅 지!"

그러자 신기하게도 소는 학자가 '하늘 천' 하니까 하늘을 올려다보고, '땅 지' 하니까 땅을 내려다봤어요.

"보셨지요? 이 소도 하늘 천, 땅 지를 구분하는데 아드님은 못하지 않습니까."

학자의 말에 정승은 할 말이 없었답니다.

낫은 벼나 풀을 벨 때 쓰는 농기구로, 날이 휘어진 모습이 꼭 한글의 기역 자와 닮았어요. 그런데 바로 앞에 낫을 두고도 기역 자를 모를 정도라면 얼마나 머리가 나쁜 사람이겠어요. 그래서 사람들은 아주 무식하고 머리가 나쁜 사람을 일러 '낫 놓고 기역 자도 모른다'라는 속담을 썼답니다.

등잔 밑이 어둡다

뜻풀이
먼 곳의 일보다 눈앞에 있는 일을 더 잘 모른다는 뜻.

옛날에 욕심 많은 박 영감이 살았어요. 특히 음식에 욕심이 많아서 다른 사람과 나눠 먹는 걸 몹시 싫어했지요. 명절 때 선물로 들어온 귀한 조청은 항상 혼자서 몰래 먹었답니다.

하루는 옆집 김 영감이 넌지시 물었어요.

"자네는 밤마다 뭘 그렇게 혼자 먹나?"

"내가 밤마다 뭘 먹는다고……."

박 영감은 별의별 생각이 다 들었어요.

'대체 누가 내 방을 엿봤을까? 간밤에 도둑이 들어왔다가 봤나? 아니면 배나무골 최 영감이 날 골탕 먹이려고 소문을 퍼뜨렸나?'

밤이 되자 박 영감은 다시 잘 숨겨 둔 조청 단지를 꺼내 한 입 먹으려는데, 아무래도 밖에서 누가 엿보는 것 같았어요. 박 영감이 잽싸게 방문을 여니 어린 손자가 몰래 들여다보고 있지 않겠어요?

"할아버지들한테 소문을 퍼뜨린 게 네 녀석이냐?"

어린 손자는 고개를 끄덕였어요. 박 영감은 손자에게 조청을 맛보여 주며 허탈하게 웃었지요.

'등잔 밑이 어둡다더니, 공연히 엉뚱한 사람들만 의심했군.'

옛날에는 밤이 되면 등잔불을 켰어요. 등잔불을 켜면 등잔 주변은 환하게 밝지만, 그 바로 밑에는 그림자가 생겨 의외로 어둡답니다.

이처럼 '등잔 밑이 어둡다'라는 말은 가장 가까운 데 있는 것을 찾지 못하거나 모른다는 뜻이에요. 남의 일은 잘 알면서 자기 주변에서 일어나는 일은 오히려 잘 모를 때도 이 속담을 사용해요.

떡 줄 사람은 생각도 않는데 김칫국부터 마신다

뜻풀이

해 줄 사람은 생각지도 않는데 미리부터 다 된 일로 알고 섣부르게 행동한다는 뜻.

한 청년이 농장에서 열심히 우유를 짜고 있었어요. 오늘따라 우유가 아주 잘 나와서 콧노래가 절로 나왔지요. 우유 통이 점점 차오르자 청년은 상상의 나래를 펼쳤어요.

'우유를 팔아서 돈을 벌면 달걀을 사자. 달걀에서 병아리가 나오면 그걸 키워 큰 양계장을 만드는 거야.'

청년은 우유를 통에 가득 채워 등에 지고 시장으로 나갔어요. 시장으로 가는 길에도 청년의 상상은 꼬리를 물고 이어졌어요.

'양계장이 성공하면 다음에는 새끼 돼지를 사는 게 좋겠어. 돼지가 잘 크면 얼른 되팔아서 나를 멋지게 꾸미는 데 돈을 좀 써야지.'

청년의 상상은 점점 더 커졌어요. 급기야 아름다운 여인들에게 둘러싸여 누구와 결혼할지 고민하는 자신의 모습까지 상상했지요. 그러다 저도 모르게 어깨를 들썩이며 웃는 바람에 그만 우유 통을 떨어뜨리고 말았어요. 우유는 순식간에 땅바닥에 모두 쏟아졌어요.

"떡 줄 사람은 생각도 않는데 김칫국부터 마셨네!"

청년의 달콤한 꿈은 그렇게 허무하게 깨지고 말았답니다.

옛날 사람들은 잔치 때나 출출할 때 떡을 자주 먹었어요. 그런데 떡을 급하게 먹으면 체하기 쉬워서 시원한 김칫국을 곁들여 마시곤 했어요. 그러면 더부룩한 속이 금방 편해졌지요.

바로 이런 풍습에서 '떡 줄 사람은 생각도 않는데 김칫국부터 마신다'라는 속담이 생겨났어요. 상대방은 줄 생각을 하지 않는데 당연히 받을 거라 생각하고 섣부르게 행동하는 사람을 비꼬는 말이지요. 무슨 일이든 침착하게 때를 기다릴 줄 알아야 한답니다.

구관이 명관이다

> **뜻풀이**
> 나중 사람을 겪어 봄으로써 먼저 사람이 좋은 줄 알게 된다는 뜻.

어느 마을에 사또가 있었는데, 이 사또는 똑똑하지 못해서 백성들의 근심을 제대로 해결해 주지 못했어요.

하루는 농부 한 명이 찾아와 사또에게 하소연했어요.

"사또, 어젯밤에 도둑이 들어 저의 전 재산을 훔쳐 갔습니다. 부디 이 도둑 좀 잡아 주시옵소서."

농부의 말이 끝나기 무섭게 사또가 되물었어요.

"어느 놈인지 짐작이 가느냐?"

"전혀 짐작 가는 인물이 없사옵니다."

"네 이놈! 네놈도 모르는 도둑을 어찌 나더러 잡아 달라고 하는 게냐!"

농부는 기가 막혀 더는 아무 말도 못 하고 집으로 갔어요.

몇 달 뒤, 새 사또가 부임해 왔어요. 농부는 한 가닥 희망을 품고 새 사또를 찾아가 아직도 도둑을 잡지 못했다고 얘기했어요. 그러자 새 사또는 진지하게 생각하고 나서 말했어요.

"그럼 너도 이제 도둑질을 하여라. 단, 네가 잃어버린 만큼만 도둑질을 해야 하느니라."

농부는 하도 기가 차서 속으로 이렇게 생각했답니다.

'구관이 명관이라더니, 차라리 옛날 사또가 낫군.'

'구관'이란 옛 관리를 뜻하는데, '구관이 명관이다'라는 말은 나중에 온 관리를 겪어 봄으로써 예전 관리가 더 나은 줄 알게 된다는 뜻이에요. 때에 따라서는 경험이 많거나 익숙한 사람이 그렇지 않은 사람보다 더 낫다는 의미로도 쓰여요.

개똥도 약에 쓰려면 없다

뜻풀이
평소에 흔하던 것도 막상 요긴하게 쓰려고 구하면 없다는 뜻.

"최 영감, 남의 개집은 왜 그렇게 뚫어져라 보시오?"

박 영감이 별일 다 본다는 투로 묻자, 개집 주위를 두리번거리던 최 영감이 난감한 표정으로 말했어요.

"박 영감, 집에 기르던 백구 어디 갔소?"

"백구? 얼마 전에 옆집 송 영감이 데려갔는데, 왜 그러시오?"

그러자 최 영감은 허탈하게 웃었어요.

"허허, 이런 낭패가 있나! 우리 손자 녀석이 종기가 통 낫질 않아 고생인데, 건넛마을 약재상이 백구 똥을 쓰면 잘 낫는다고 일러 주지 뭐요. 그런데 그 흔한 백구 똥이 왜 이리 안 보이는지."

박 영감도 덩달아 웃었어요.

"그래서 예부터 '개똥도 약에 쓰려면 없다'잖소. 김 초시 집에 한번 가 보시오. 거기도 백구를 기르던데."

최 영감은 당장 김 초시 집을 찾아갔다가 그 집 하인에게 더 황당한 소리를 들었어요.

"우리 주인마님께서 그렇게 아끼시던 백구가 얼마 전에 죽었지 뭡니까."

'필요 없을 때는 천지에 널린 게 개똥이더니……'

최 영감은 끝내 백구 똥을 구하지 못하고 돌아갔어요.

<u>옛날에는 개를 밖에 풀어놓고 기르는 집이 많아서 길에 널린 게 개똥이었어요. 그만큼 개똥은 흔하고 쓸모없는 것을 상징하는 대명사라고 할 수 있어요. 따라서 '개똥도 약에 쓰려면 없다'라는 속담은 평소에 너무 흔해서 가치 없어 보이던 것도 막상 쓸 데가 있어 구하려고 하면 없다는 뜻이에요.</u>

부뚜막의 소금도 집어넣어야 짜다

뜻풀이
아무리 쉬운 일이라도 실제로 행동하지 않으면 소용없다는 뜻.

비슷한 속담: 구슬이 서 말이라도 꿰어야 보배

어느 농부가 수레를 끌고 가다 바퀴가 수렁에 빠졌어요. 하필이면 긴 장마가 끝난 바로 이튿날이라 땅은 온통 진흙투성이였지요. 바퀴를 꺼내기란 쉽지 않아 보였어요.

농부는 그 자리에 무릎을 꿇고 하늘을 올려다보며 빌었어요.

"제 수레가 부디 수렁에서 빠져나오게 해 주십시오."

그때 지나가던 사람이 이 광경을 보고 물었어요.

"바퀴가 수렁에 빠졌군요. 쇠고삐를 잡고 끌어도 안 되던가요?"

농부는 태연히 대답했어요.

"해 보지 않았어요. 소가 힘이나 있을지 모르겠어요."

그러자 지나가던 사람이 어이없어하며 말했어요.

"하늘에 빌기 전에 먼저 할 수 있는 데까지는 해 봐야지요. 부뚜막의 소금도 집어넣어야 짠 법인데, 쇠고삐도 당겨 보지 않고 빌기만 하면 수레가 저절로 수렁에서 빠져나온답니까?"

그 말에 농부는 쇠고삐를 잡고서 있는 힘껏 수레를 당겨 보았어요. 바퀴가 생각보다 깊이 빠지지 않았는지, 수레는 수렁에서 쉽게 빠져나왔어요. 농부는 그제야 수레를 끌고 집으로 돌아갔답니다.

'부뚜막의 소금도 집어넣어야 짜다'라는 속담은 아무리 쉬운 일이라도 실제로 행동하지 않으면 이루어지지 않는다는 뜻이에요. 부뚜막은 옛날 부엌에서 아궁이 위에 솥을 걸어 놓는 언저리를 말해요. 여기에 소금처럼 자주 쓰는 조미료를 놓아두곤 했지요. 가까이 놓여 있는 소금도 집어서 음식에 넣지 않으면 짠맛을 낼 수 없듯이, 아주 사소한 일이라도 행동에 옮기지 않으면 아무 소용이 없답니다.

구더기 무서워 장 못 담글까

뜻풀이
다소 방해되는 것이 있더라도 해야 할 일은 반드시 해야 한다는 뜻.

어느 마을에 뱃사공이 살았어요. 그의 집안은 대대로 뱃사공을 하며 살아왔어요. 그러다 보니 조상들이 모두 바다에서 사고로 목숨을 잃었지요.

하루는 뱃사공의 친구가 배에 올라 말했어요.

"이 사람아, 나 같으면 물 근처에도 안 가겠네. 증조할아버지부터 자네 아버지까지 배를 타다 돌아가시지 않았는가."

그러자 뱃사공은 노를 저으며 태연히 되물었어요.

"자네 아버지는 어디서 돌아가셨지?"

"우리 집 안방에서 돌아가셨지."

"그럼 자네 할아버지는? 증조할아버지는?"

"할아버지도 안방에서 돌아가셨고, 증조할아버지도……."

친구가 말꼬리를 흐리자 뱃사공은 이렇게 말했어요.

"그런데 자네는 안방 아랫목에서 잠이 온단 말인가. 나라면 그 안방에는 들어가기도 싫겠네."

친구가 아무 대꾸도 하지 못하자 뱃사공이 웃으며 말했어요.

"구더기 무서워 장 못 담그면 쓰나. 해야 하는 일이라면 그런 것쯤은 이겨 내야지."

우리 조상들은 된장이나 간장을 집에서 담가 먹었어요. 그런데 장을 담글 때 잘못 관리하면 구더기가 생기기도 해요. 그렇다고 장을 담그지 않을 수는 없었지요. '구더기 무서워 장 못 담글까'라는 속담은 조금 방해되는 것이 있더라도 해야 할 일은 마땅히 해야 한다는 뜻이에요. 사소한 실수나 불편이 겁나서 도전 자체를 머뭇거리면 안 되겠지요?

콩으로 메주를 쑨다 해도 곧이듣지 않는다

뜻풀이
아무리 사실대로 말해도 믿지 않는 것을 비유적으로 이르는 말.

옛날 어느 마을에 곡물 가게를 하는 사람이 있었어요. 그는 자기에게 이로운 일이라면 거짓말을 밥 먹듯이 했어요.

"올해는 콩값이 껑충 뛰어오를 테니 장을 담그려면 콩을 미리 사 두는 게 좋아요."

곡물 장수의 말에 마을 사람들은 걱정이 되어 콩을 비싼 값으로 미리 사 두었어요. 그러나 콩값은 오르지 않았어요. 마을 사람들은 쓸데없이 비싸게 콩을 샀다는 걸 알고 분통을 터뜨렸어요.

곡물 장수는 또 이상한 소문을 퍼뜨렸어요.

"오랑캐가 국경을 넘어왔다는 소식 들었어요? 곧 전쟁이 일어날지 모르는데, 그러면 올해는 돈 주고도 콩을 못 살 수 있어요."

마을 사람들은 또 곡물 장수의 말을 듣고 콩을 미리 사 두었어요. 그러나 오랑캐가 국경을 넘어왔다는 건 뜬소문이었어요.

이런 일이 거듭되자 마을 사람들은 곡물 장수가 무슨 말을 하건 이렇게 대꾸했어요.

"당신 말은 콩으로 메주를 쑨다 해도 곧이듣지 않겠소!"

거짓말쟁이 곡물 장수는 마을 사람들에게 외면당해 결국은 가게 문을 닫고 말았어요.

간장, 된장, 고추장 등을 담글 때 쓰는 메주는 콩을 삶아서 만들어요. 옛날에는 집집마다 장을 직접 담가 먹었기 때문에 누구나 메주는 콩으로 만든다는 사실을 잘 알았어요. '콩으로 메주를 쑨다 해도 곧이듣지 않는다'라는 속담은 곧 상대방이 맞는 말을 해도 절대 믿지 않는다는 뜻이에요. 거짓말을 밥 먹듯이 하거나 허풍이 심하면 나중에 진실을 말해도 사람들이 믿어 주지 않는답니다.

가재는 게 편

> **뜻풀이**
>
> 가재와 게가 비슷하게 생긴 데서 유래한 말로, 모습이나 상황이 비슷한 사람끼리 서로 돕거나 편을 들어주기 쉽다는 뜻.
>
> **비슷한 속담**: 초록은 동색

바다에 사는 새우들은 예부터 외모에 자부심이 대단했어요.

"우리야말로 바다의 귀족이지. 이렇게 멋진 수염이 있는 건 우리뿐이라고."

"이 단단한 껍데기는 또 어떻고. 장군들이 입는 갑옷 같지."

다른 물고기들은 거드름 피우는 새우들이 못마땅했어요.

그러던 어느 날, 새우들 사이에서 싸움이 벌어졌어요. 서로 잘난 체하다가 싸움이 난 거예요. 이때 몇몇 새우가 몹시 다쳐서 그만 몸이 변해 버렸어요. 어떤 새우는 몸 색깔이 달라져 가재로 변했고, 어떤 새우는 몸이 납작해지면서 게로 변했지요.

새우 무리가 새우, 가재, 게로 나뉘자 새우들의 힘은 크게 약해졌어요. 그러자 다른 물고기들이 점점 거세게 공격해 왔어요. 위험을 느낀 새우는 가재와 게를 불러 모았어요.

"우리는 큰 위험에 빠져 있습니다. 지금 모습은 조금씩 다르지만 다시 힘을 모읍시다!"

새우의 말에 공감한 가재와 게는 그때부터 어려운 일이 생길 때면 서로 힘을 합쳤어요.

"우리끼리는 서로 돕고 살아요."

"맞아요. 어차피 같은 처지 아니겠어요."

속담 중에는 동물의 모습이나 습성에 빗댄 말이 많아요. '가재는 게 편'이라는 속담도 가재와 게의 모습이 비슷한 데서 나왔지요. 가재와 게처럼 모습이나 처지가 비슷하면 서로 한편이 되어 어울리게 마련이라는 뜻이랍니다.

고래 싸움에 새우 등 터진다

> **뜻풀이**
> 강하고 힘센 사람들끼리 싸우는 바람에 아무 상관도 없는 약한 사람이 그 사이에 끼어 피해를 본다는 뜻.

넓은 바다에 고래가 무리 지어 살고 있었어요. 고래들은 바다에서 가장 큰 동물이라 무서울 게 없었어요.

고래들은 배를 채우그 나면 늘 심심해서 내기를 했어요.

"오늘은 물 밖으로 누가 더 높이 뛰는지 내기할까?"

드디어 수염고래 떼와 범고래 떼가 내기를 시작했어요. 고래들은 차례차례 물 밖으로 뛰어올랐어요. 고래 한 마리가 뛸 때마다 바닷물이 철퍼덕 소리를 내며 큰 물결을 일으켰지요. 그런데 누가 얼마만큼 뛰어올랐는지 정확하게 가늠하기가 어려웠어요.

"우리 수염고래가 가장 높이 뛰었지?"

"아니야! 우리 범고래가 훨씬 더 높이 뛰었어!"

이런 사소한 말다툼 끝에 고래들은 그만 싸움을 하게 되었어요. 덩치 큰 고래들이 툭툭 몸을 부딪치자 바다에는 마치 지진이 일어난 듯 물결이 출렁거렸어요.

"그만해, 그만하자고! 재미로 시작한 내기잖아."

나이 든 고래가 말려서 싸움은 겨우 끝났어요. 그런데 주위를 살펴보니 죽은 새우들이 둥둥 떠 있었어요. 고래들 몸싸움에 애꿎은 새우들만 목숨을 잃은 거예요.

이 이야기에서 고래는 강하고 힘센 사람을 뜻해요. 즉 '고래 싸움에 새우 등 터진다'라는 속담은 고래처럼 강한 사람들끼리 싸우는 와중에 새우처럼 약한 사람이 아무 잘못도 없이 괜히 피해를 입을 때 쓰는 말이에요.

꿩 먹고 알 먹고

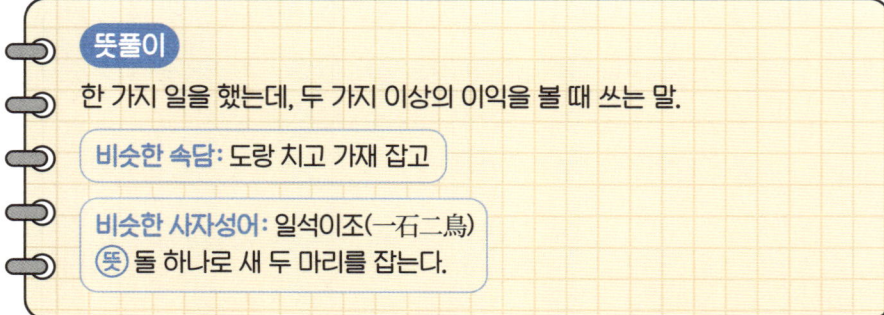

뜻풀이
한 가지 일을 했는데, 두 가지 이상의 이익을 볼 때 쓰는 말.

비슷한 속담: 도랑 치고 가재 잡고

비슷한 사자성어: 일석이조(一石二鳥)
뜻 돌 하나로 새 두 마리를 잡는다.

"오늘도 허탕이에요. 꿩이 어찌나 재빠른지……."

꿩 사냥을 나섰던 차돌이가 오늘도 빈손으로 돌아왔어요. 기운 없는 차돌이를 보고 옆집 김 노인이 말했어요.

"내일은 이 할애비랑 같이 가자꾸나. 내 한 수 가르쳐 주마."

이튿날, 김 노인은 활과 뿔피리를 챙겨 차돌이와 함께 나섰어요.

김 노인은 차돌이와 풀숲에 숨어 뿔피리를 불었어요.

"피리를 불면 수꿩들이 자기를 부르는 소린 줄 알고 날아온단다."

잠시 후, 정말로 수꿩이 피리 소리를 꿩 울음소리로 착각하고 날아왔어요. 김 노인이 재빨리 활을 쏘자 꿩은 단번에 고꾸라졌어요.

"와, 할아버지 대단해요!"

차돌이가 감탄하자 김 노인은 조용히 말했어요.

"쉿! 이번에는 암꿩 사냥하는 법을 잘 봐라. 늦은 봄은 암꿩들이 알을 품는 시기라 꿩 사냥에 제일 좋은 때다. 알을 품고 있는 꿩은 도망을 잘 가지 않아 쉽게 잡을 수 있지. 요렇게!"

김 노인은 숲에 숨어 있는 암꿩을 잽싸게 쏘았어요. 암꿩은 화살을 맞고 바로 쓰러졌고, 그 밑에서는 품고 있던 꿩 알이 나타났지요.

"와, 꿩을 잡았더니 알까지 생겼네요!"

"이런 걸 두고 '꿩 먹고 알 먹고'라고 한단다."

이처럼 꿩 사냥에 빗대어, 한 가지 일을 하여 한꺼번에 두 가지가 넘는 이득을 볼 때 흔히 '꿩 먹고 알 먹고'라는 속담을 쓴답니다.

개구리 올챙이 적 생각 못 한다

뜻풀이

형편이나 사정이 전보다 나아진 사람이 지난날 어렵던 때를 생각지 못하고 처음부터 잘난 듯이 뽐내는 태도를 이르는 말.

어느 마을에 가난한 선비가 있었어요. 그 선비는 밤낮으로 열심히 공부했지만 도통 벼슬길에 오르지 못했지요. 더군다나 집이 나날이 가난해져서 선비는 장가도 가지 못했어요.

아무도 선비를 거들떠보지 않을 때, 딱 한 사람 이웃집 처자는 선비에게 말도 걸고 음식도 나눠 주며 힘이 되어 주었어요.

'세상에 이렇게 착한 사람이 또 있을까!'

선비는 용기를 내어 처자에게 청혼했어요. 이웃집 처자도 좋다고 고개를 끄덕였지요. 그런데 그해에 선비가 드디어 과거에 급제했어요. 선비는 벼슬길에 올라 한양으로 가게 되게 되자, 오만해지고 마음이 변해 처자를 차 버렸어요.

"우리 인연은 여기까지인 것 같소. 다시는 날 찾아오지 마시오."

얼마 뒤, 선비는 억울한 누명을 쓰고 벼슬을 빼앗겼어요. 한양에서 모든 것을 잃고 다시 고향으르 돌아온 선비는 문득 예전의 그 처자가 생각나 찾아가 보았어요. 그러나 처자는 이미 다른 사람과 혼인한 뒤였지요.

선비가 후회하는 모습을 보고 마을 사람들은 이렇게 말했어요.

"개구리가 올챙이 적 생각을 못 한다더니, 딱 그 꼴이지……."

올챙이는 개구리로 자라면서 꼬리가 없어지고 다리가 생기면 전혀 다른 모습이 돼요. '개구리 올챙이 적 생각 못 한다'라는 속담은 볼품없던 자신의 과거는 생각하지 않고 애초부터 잘난 듯이 뽐내는 태도를 비꼬는 말이에요.

쇠귀에 경 읽기

뜻풀이

아무리 가르치고 일러 주어도 알아듣지 못하거나 효과가 없는 경우를 이르는 말.

똑같은 사자성어: 우이독경(牛耳讀經)
뜻) 소의 귀에 글 읽기.

옛날 중국 노나라에 공명의라는 사람이 있었어요.

어느 날, 공명의는 소가 우는 소리를 듣다가 문득 이런 생각을 했어요.

'저 소에게도 고마워해야 해. 소가 대신 일해 주지 않는다면 어찌 살아가겠어.'

공명의는 고마운 마음을 전하고자 소에게 거문고로 아름다운 음악을 들려주었어요. 그러나 소는 아무 반응 없이 풀만 뜯었어요.

'음……. 소가 거문고 소리를 전혀 듣지 않는구나. 소에게는 이 음악이 의미가 없나 보군.'

그래서 공명의는 소가 좋아할 만한 음악을 생각해 봤어요.

'옳지, 늘 가까이에서 듣는 소리를 흉내 내어 보자!'

공명의는 소의 귀에서 윙윙대는 파리 소리, 젖을 빠는 송아지 소리 등을 거문고로 내 보았어요.

그러자 잠시 뒤, 신기하게도 그 소리에 소가 반응을 보였어요. 툭툭 발굽 소리를 내며 뛰기도 하고, 철썩 꼬리를 흔들기도 했답니다.

이 이야기는 중국의 불교 전도서 『홍명집』에 나오는 내용이에요. 소에게 거문고 음악을 들려줘도 소용이 없는 것처럼, 아무리 좋은 말이라도 알아듣지 못하는 사람에게는 소용이 없겠지요.

'쇠귀에 경 읽기'도 같은 뜻이에요. '경'은 옛날에 선비들이 공부한 책이에요. 그런데 책 속에 담긴 가르침이 아무리 훌륭해도 말귀를 이해하지 못하는 소가 알아들을 리는 없지요. 마찬가지로 어리석은 사람은 아무리 좋은 말을 들어도 깨우치기 어렵다는 뜻이에요.

우물 안 개구리

뜻풀이

넓은 세상의 형편을 알지 못하거나, 자기 지식이 얕은 줄도 모르고 저만 잘난 줄 아는 사람을 비유적으로 이르는 말.

비슷한 속담: 바늘구멍으로 하늘 보기

낡은 우물 안에 개구리 한 마리가 살고 있었어요. 우물 밖으로 한 번도 나가 보지 못한 개구리에게 우물은 온 세상이었지요.

어느 날, 개구리가 사는 곳에 자라가 놀러 왔어요. 자라는 바다에서 살다가 잠깐 지나는 길이었어요.

개구리가 으스대며 말했어요.

"자라야, 여기로 들어와 보렴. 이 우물 안은 엄청 넓단다."

자라는 이 말을 듣고 우물 안으로 들어가 봤지만 우물은 자라에게 너무 좁았어요. 자라는 개구리에게 자기가 사는 바다 이야기를 들려주었어요.

"개구리야, 너는 바다라는 곳을 알고 있니?"

"바다? 내가 사는 이 우물보다 깊니?"

그 말에 자라는 이렇게 대답했어요.

"바다는 너무 넓고 깊어서 자로는 도저히 잴 수가 없어. 그래서 바다가 얼마만큼 넓고 깊은지는 아무도 모른단다. 십 년 동안 아홉 번이나 홍수가 났지만 바닷물이 늘어나지는 않았어. 또 팔 년 동안 일곱 번이나 가뭄이 들었는데도 바닷물은 줄어들지 않았지."

개구리는 쩍 벌어진 입을 다물지 못했어요. 개구리는 아무리 애써도 그런 바다를 상상할 수 없었거든요.

우물 안에 사는 개구리는 바다라는 큰 세상이 있는 줄 모르고 자기가 사는 우물이 제일 넓고 좋다고 생각해요. 보고 들은 것이 적고 아는 것이 없기 때문이에요. 이처럼 자기 지식이 얕은 줄도 모르고 저만 잘난 줄 아는 사람을 비꼴 때 '우물 안 개구리' 같다고 한답니다. 넓은 세상의 형편을 모르는 사람을 비유적으로 가리키기도 해요.

고슴도치도 제 새끼는 함함하다고 한다

뜻풀이
부모 눈에는 자기 자식이 다 잘나고 가장 예뻐 보인다는 뜻.

비슷한 속담: 호랑이 제 새끼 안 잡아먹는다.

숲속에 사는 담비는 족제비와 비슷하게 생긴 동물인데, 털이 아주 부드럽기로 유명했어요.

어느 날, 담비가 새끼를 낳았어요. 아기 담비의 털은 엄마보다 훨씬 더 부드러웠어요.

"예쁜 아가, 너는 살결도 털도 너무 보드라우니 조심해서 다녀야 한다. 알았지?"

며칠 뒤, 아기 담비의 털을 혀로 핥아 주던 엄마 담비는 깜짝 놀랐어요. 보드라운 아기 담비의 살에 피가 맺혀 있었거든요.

"누가 네 몸에 이렇게 상처를 냈니?"

아기 담비가 울상을 지으며 말했어요.

"고슴도치랑 놀다가 가시에 찔렸어요."

엄마 담비는 당장 고슴도치를 찾아가 나무랐어요.

"넌 몸에 뻣뻣한 가시가 많으니 우리 아이랑 놀 때 즈심해라!"

그러자 옆에 있던 엄마 고슴도치도 화가 머리끝까지 났어요.

"아니, 우리 아이 털이 얼마나 부드러운데 그런 말을 해요?"

그 말에 엄마 담비는 어이없다는 듯 중얼거렸어요.

"참, 나! 한눈에 봐도 뻣뻣한 가시 같은 털이 부드럽다니……."

고슴도치는 몸에 바늘 같은 가시가 촘촘히 돋은 동물이에요. 하지만 이런 뾰족한 가시마저 함함해 보이는 게 부모의 마음이지요. '함함하다'는 털이 보드랍고 윤기가 있다는 뜻이에요. '고슴도치도 제 새끼는 함함하다고 한다'는 부모 눈에는 제 자식이 다 잘나고 귀여워 보인다는 말이랍니다.

뱁새가 황새 따라가면 가랑이 찢어진다

뜻풀이

자기 능력은 생각하지 않고 능력이 뛰어난 사람을 무조건 따라 하려다 도리어 해만 입는다는 뜻.

비슷한 속담: 송충이는 솔잎을 먹어야 한다.

"황새처럼 우아하게 걷는 새는 아마 세상에 없을 거야!"

나무 위에 앉은 암컷 뱁새가 황홀한 표정으로 황새를 지켜보았어요. 다리가 긴 황새는 천천히 걷기만 하는데도 어찌나 아름다운지, 암컷 뱁새는 한눈에 반해 버렸지요.

"쳇, 저렇게 걷는 게 뭐 그리 대단하다고!"

옆에 있는 수컷 뱁새가 퉁명스럽게 말하며 입을 비쭉거렸어요.

"저렇게 우아하게 걷지도 못하면서 무슨 큰소리야?"

암컷 뱁새의 말에 수컷 뱁새는 발끈 화가 났어요.

"나도 마음만 먹으면 얼마든지 우아하게 걸을 수 있어!"

수컷 뱁새는 포르르 날아 땅으로 내려갔어요.

'우아하게 걷는 게 뭐 어려워? 다리를 최대한 쭉쭉 뻗으면 되지!'

수컷 뱁새는 다리를 있는 힘껏 뻗어 걸으며 황새 흉내를 냈어요.

이튿날, 수컷 뱁새는 꼼짝도 할 수 없었어요. 어제 너무 무리하는 바람에 다리에 쥐가 났거든요.

'아이고, 다리야. 괜히 황새 따라 하다가 가랑이 찢어질 뻔했네!'

그 뒤로 수컷 뱁새는 절대 황새 흉내를 내지 않았답니다.

뱁새는 다리가 아주 짧고 작은 새여서 종종걸음을 쳐요. 황새는 다리가 아주 길고 큰 새라 성큼성큼 걷고요. 그러니 뱁새의 걸음으로는 당연히 황새를 따라갈 수 없지요. '뱁새가 황새 따라가면 가랑이 찢어진다'라는 속담은 뱁새처럼 자기 능력은 생각하지도 않고 능력이 뛰어난 사람을 무조건 따라 하려다 오히려 자신만 망친다는 뜻이에요.

굼벵이도 구르는 재주가 있다

뜻풀이
아무리 보잘것없어 보이는 사람도 재주 하나는 있기 마련이라는 뜻.

어느 마을의 한 부자는 나그네들을 잘 먹여 주고 재워 주는 것으로 유명했어요. 다만 그 집에 묵으려면 무엇이든 한 가지 재주가 있어야 했어요. 그 소문을 듣고 어떤 사내가 찾아왔어요.

"저를 거두어 주십시오. 저는 목소리가 엄청나게 큰 재주가 있습니다."

부자는 떨떠름했지만 그래도 사내를 받아 주었어요.

어느 날, 부자가 멀리 장사하러 떠나면서 사내에게 같이 가자고 부탁했어요. 두 사람은 배를 타고 여러 달을 함께 돌아다녔어요. 그런데 돌아오는 길에 바다 한가운데서 폭풍우를 만나고 말았어요. 엎친 데 덮친 격으로 배에 구멍이 나서 배가 점점 가라앉았어요.

그때 마침 저쪽 수평선 너머로 배 한 척이 지나가고 있었어요. 그 배를 보고 사람들이 살려 달라고 아우성을 쳤지만, 그 소리가 폭풍우를 뚫고 멀리까지 들릴 리 없었지요.

이때 목소리 큰 사내가 뱃전에 나서 외쳤어요.

"사람 살려요! 여기 배가 가라앉아요!"

이 소리가 어찌나 크던지, 멀리 떨어진 배에서 알아듣고는 부자 일행을 구해 주었어요.

'굼벵이도 구르는 재주가 있다더니, 이것도 정말 큰 재주로다!'

부자는 그제야 그 사내의 재주를 진심으로 인정했답니다.

굼벵이는 아주 작고 못난 데다 움직임이 매우 느려요. 그러나 이렇게 못난 굼벵이도 구르는 재주는 있어요. 즉 '굼벵이도 구르는 재주가 있다'는 속담은 살아 있는 것은 저마다 한 가지 재주는 있게 마련이니, 무능해 보이는 사람이라도 무시하지 말라는 뜻이에요.

닭 쫓던 개 지붕 쳐다본다

> **뜻풀이**
> 애써 하던 일이 실패로 돌아가 포기할 수밖에 없게 된 경우를 비유적으로 이르는 말.

닭은 오늘도 좁쌀을 쪼아 먹으며 우아하게 날개를 퍼덕거렸어요. 그 모습을 보고 외양간에 있는 황소가 투덜거렸어요.

"난 아무리 열심히 일해도 겨우 지푸라기만 먹는데, 닭 너는 하는 일도 없이 맛있는 좁쌀을 먹으니 너무 불공평해."

그때 마침 관을 쓴 선비가 지나가자, 닭은 얼른 머리에 달린 볏을 흔들며 대답했어요.

"저 선비가 머리에 쓴 관 보이니? 양반이나 쓰는 저런 관을 쓴 동물은 나밖에 없다고! 다 내가 너희보다 잘나서 그런 거야."

그러자 옆에서 듣고 있던 개가 아니꼽다는 투로 끼어들었어요.

"뭐라고? 밤낮으로 집 지키는 나도 겨우 찌꺼기나 얻어먹는데, 맨날 빈둥대기나 하면서 너무 잘는 척하는 거 아냐?"

이 말에 닭은 흥분하며 이렇게 설명했어요.

"내가 얼마나 대단한 일을 하는지 모르는구나. 난 아침마다 '꼬끼오!' 하고 시간을 알려 주지. 그 소리를 한자로 풀면 '알릴 고(告)', '그 기(基)', '중요할 요(要)', 즉 중요한 것을 알린다는 뜻이야. 너야 아무 생각 없이 멍멍 짖기나 하지만 말이야."

"뭐라고?"

개는 화가 머리끝까지 치밀어 닭의 볏을 물어뜯었어요. 깜짝 놀란 닭은 후다닥 지붕 위로 날아 올라갔지요.

"개야, 너는 여기로 못 올라오지?"

개는 닭을 따라 올라갈 수 없어서 지붕만 쳐다보며 씩씩댔어요.

이처럼 '닭 쫓던 개 지붕 쳐다본다'라는 속담은 열심히 애썼지만 더는 어찌해 볼 도리가 없게 됐을 때 쓰는 말이랍니다.

까마귀 날자 배 떨어진다

> **뜻풀이**
> 아무 상관 없는 일이 어쩌다 동시에 일어나 억울한 의심을 받을 때 쓰는 말.
>
> **똑같은 사자성어:** 오비이락(烏飛梨落)
> (뜻) 까마귀 날자 배 떨어진다.

신라 시대, 어느 마을 산기슭에 큰 배나무가 있었어요. 하루는 까마귀가 이 배나무 가지에 내려앉아 맛있게 배를 쪼아 먹었어요.

"까악까악, 오늘은 정말 행복하구나! 햇볕은 따뜻하고 배는 달콤하니!"

까마귀는 친구들 생각이 났어요.

"친구들한테 얼른 알려 줘야겠어. 여기에 맛 좋은 배가 주렁주렁 달렸다고 말이야."

까마귀가 힘차게 날갯짓을 하며 막 하늘로 날아오르려는 순간, 잘 익은 배 하나가 아래로 툭 떨어졌어요. 나무 아래에서는 독사 한 마리가 한가로이 쉬고 있었는데, 배가 정확히 독사 머리 위로 쿵 떨어졌어요. 하마터면 죽을 뻔한 독사는 화가 머리끝까지 났어요.

"아니, 저 까마귀가 날 죽이려고 하다니!"

독사는 나무 위를 올려다보고는 날아오르려던 까마귀를 향해 기어 올라가 독을 쏘았어요. 까마귀는 영문도 모른 채 독이 퍼져 죽고 말았어요. 그야말로 아무것도 아닌 오해 때문에 생긴 결과였지요.

이 이야기는 불교 설화에 나오는 이야기예요. 사람들은 이 이야기를 두고 '까마귀 날자 배 떨어진다'라는 속담을 만들었어요. 아무 상관도 없는 일이 우연히 동시에 일어나 억울하게 의심을 받거나 난처한 처지에 놓이는 것을 이르는 말이지요. 어쩌다 동시에 일어난 일에 인과관계가 있다고 잘못 여겨질 때 쓰는 말이에요.

어물전 망신은 꼴뚜기가 시킨다

뜻풀이
못난 사람이 같이 있는 동료를 부끄럽게 하거나 망신시킨다는 뜻.

비슷한 속담: 미꾸라지 한 마리가 온 웅덩이를 흐려 놓는다.

옛날에 아주 똘똘한 형과 돕시 덤벙대는 동생이 살았어요. 동생은 툭하면 사고를 쳤고, 형은 그때마다 대신 사과하느라 바빴지요.

하루는 마을 서당의 훈장님이 돌아가셔서 형제가 함께 초상집에 갔어요. 동생은 아무 생각 없이 절을 하면서 상주에게 물었어요.

"많이 슬프시죠. 그런데 누가 돌아가셨나요?"

상주가 어이없어하자 형은 동생을 대신해 얼른 사과했어요.

"훈장님이 돌아가셔서 너무 놀라 말이 헛나온 것이니 너그러이 용서 바랍니다. 삼가 훈장님의 명복을 빕니다."

그렇게 해서 형은 동생의 실수를 겨우 덮어 버렸지요.

이튿날에는 형과 동생이 아버지 제사상을 차리려고 장에 갔어요. 형이 어물전에 들러 조기를 사는데, 동생이 또 아무 생각 없이 큰 소리로 웃으며 말했어요.

"제사 때는 맛있는 음식이 많으니 만날 제사 지내면 좋겠어!"

형은 난처한 표정으로 둘러댔어요.

"돌아가신 아버지가 너무 보고 싶어서 저런답니다."

형제가 돌아가자 어물전 주인은 모양이 볼품없어 제일 안 팔리는 꼴뚜기를 구석으로 던지며 중얼거렸어요.

"어물전 망신은 꼴뚜기가 시킨다더니, 덤벙이 동생이 온 동네방네 다니면서 가족 망신을 시키는구먼."

어물전은 생선을 파는 가게인데, 어물전에서 꼴뚜기는 인기가 없어요. 워낙 크기가 작아서 먹을 것이 별로 없거든요. 그래서 '어물전 망신은 꼴뚜기가 시킨다'라는 속담은 못난 사람이 같이 있는 동료를 부끄럽게 하거나 망신시킨다는 뜻으로 쓰인답니다.

지렁이도 밟으면 꿈틀한다

뜻풀이

아무리 순하고 약한 사람이라도 너무 업신여기고 무시하면 가만있지 않는다는 뜻.

비슷한 속담: 쥐도 궁지에 몰리면 고양이를 문다.

꿀벌은 요즘 화가 잔뜩 났어요. 꿀을 따 먹으려고 꽃에 다가가면 심술궂은 곰 한 마리가 자꾸 방해했거든요. 꿀벌이 꽃 위에 앉으면 곰은 앞다리로 꽃봉오리를 툭 치면서 꿀벌을 내쫓았지요.

꿀벌은 속이 상해서 침으로 따끔하게 곰을 혼내고 싶었지만, 친구들이 말렸어요.

"침을 쏘면 너도 같이 죽는다는 거 몰라?"

꿀벌이 적에게 침을 쏘면, 침을 내보낸 끝부분에 상처가 나면서 꿀벌도 함께 죽어요. 그래서 꿀벌은 침을 함부로 쏠 수 없었던 거지요.

그러나 곰은 장난을 멈추지 않았고, 꿀을 먹지 못한 꿀벌은 점점 더 배가 고파졌어요.

"도저히 못 참겠어! 지렁이도 밟으면 꿈틀거리는 법이라고!"

마침내 꿀벌은 곰에게 벌침을 쏘고 말았어요. 자신의 목숨까지 바쳐서 대항한 거예요. 벌침에 쏘인 곰은 아파서 눈물을 흘리며 데굴데굴 굴렀답니다.

'지렁이도 밟으면 꿈틀한다'라는 속담에는 이처럼 약하고 순한 사람이라도 너무 무시하면 안 된다는 뜻이 담겨 있어요. 지렁이는 수많은 동물 가운데 정말 작고 힘없는 동물이에요. 잘못해서 누가 밟기라도 하면 금세 목숨을 잃고 말지요. 하지만 이렇게 연약한 지렁이도 밟으면 꿈틀거린답니다. 그러니 사람이든 동물이든 순하고 나약해 보인다고 함부로 괴롭히면 안 되겠지요?

호랑이에게 물려 가도 정신만 차리면 산다

뜻풀이

아무리 위급하거나 어려운 일이 닥쳐도 당황하지 말고 정신을 똑바로 차리면 잘 해결할 수 있다는 뜻.

비슷한 속담: 하늘이 무너져도 솟아날 구멍이 있다.

어느 소금 장수가 이웃 마을에 소금을 팔러 험한 산을 넘고 있었어요. 산 중턱을 지날 즈음, 갑자기 서늘한 기운이 느껴지더니 어디서 집채만 한 호랑이가 나타나 단숨에 소금 장수를 삼키고 말았어요. 소금 장수가 겨우 정신을 차렸을 때는 이미 호랑이 배 속에 산 채로 삼켜진 뒤였어요.

"호랑이한테 잡아먹혔으니 나는 이제 죽은 목숨 아닌가."

소금 장수가 겁에 질려 떨고 있을 때, 어디서 "사람 살려!" 하는 소리가 들리더니 소금 장수 옆으로 뭐가 툭 떨어졌어요. 바로 장터에서 몇 번 마주친 적이 있는 숯장수였어요.

"자네를 여기서 만나는군!"

호랑이 배 속에서 만난 두 사람은 이야기를 나누며 마음의 여유를 찾았어요. 그때 숯장수가 꾀를 내었어요.

"여기서 숯을 피워 호랑이 내장을 뜨겁게 하면 호랑이가 고통스러워할 것이오."

"거참 좋은 생각이오. 그럼 나는 그 위에 소금을 뿌리겠소."

두 사람은 호랑이 배 속에서 불을 피우고 소금을 뿌렸어요.

그러자 호랑이는 배가 아파 데굴데굴 굴렀어요. 호랑이는 길길이 날뛰다 배 속에 있던 소금 장수와 숯장수를 토해 냈어요. 그리하여 두 사람은 목숨을 건질 수 있었답니다.

소금 장수와 숯장수가 마음을 가다듬고 정신을 똑바로 차리지 않았다면 그대로 목숨을 잃었을 거예요. '호랑이에게 물려 가도 정신만 차리면 산다'라는 말은 이처럼 어려운 일이 닥쳐도 당황하지 말고 정신을 바짝 차리면 살길이 보인다는 뜻이에요.

3장 사람의 심리가 담긴 속담

가는 말이 고와야 오는 말이 곱다

> **뜻풀이**
>
> 내가 먼저 남에게 좋게 말하고 좋게 행동해야, 남도 나에게 말과 행동을 좋게 한다는 뜻.
>
> **비슷한 속담**: 가는 정이 있어야 오는 정이 있다.

옛날 어느 산골에 꿩 부부가 살았어요. 꿩 부부는 오늘도 눈이 펑펑 쏟아지자 한숨을 내쉬었어요. 겨우내 눈이 너무 많이 내려 먹을 것이 뚝 떨어졌거든요.

남편 꿩 장끼는 하는 수 없이 이웃에 사는 쥐를 찾아갔어요.

"고양이 밥 신세나 되는 쥐 서방 있나? 먹이가 떨어져서 콩 좀 얻으려고 왔네."

"나 먹을 것도 없는데 댁들 줄 게 어디 있담!"

쥐는 고양이 밥이라는 장끼의 말이 괘씸해서 문을 쾅 닫아 버렸어요. 장끼는 빈손으로 돌아왔지요.

이번에는 부인 꿩 까투리가 쥐를 찾아갔어요.

"저, 쥐 생원님 계세요?"

쥐는 아직 화가 덜 풀린 얼굴로 나왔어요.

"고양이 밥이나 되는 나한테 무슨 볼일이 있어서 또 왔는가?"

그러자 까투리는 남편 대신 싹싹 빌며 사과했어요.

"남편이 철이 없어 그랬으니 그만 화를 푸시고, 너그러이 용서해 주세요. 저희가 지금 먹을 게 없어 정말 힘듭니다."

까투리의 진심 어린 사과에 쥐는 기분이 풀려서 겨우내 먹을 식량을 나눠 주었지요.

'가는 말이 고와야 오는 말이 곱다'라는 속담은 내가 다른 사람에게 고운 말을 해야 상대방도 나에게 고운 말을 한다는 뜻이에요. 내가 다른 사람에게 험한 말을 쓰면서 상대방에게서 좋은 말이 나오기를 기대할 수는 없겠지요. 사소한 말 한마디라도 예쁘게 건넬 때 다른 사람은 물론이고 나도 행복해진답니다.

바늘 도둑이 소도둑 된다

> **뜻풀이**
> 사소한 나쁜 짓도 자꾸 하다 보면 큰 죄를 저지르게 됨을 비유적으로 이르는 말.

어느 마을에 홀어머니와 아들이 살았어요. 어머니는 아들을 너무 귀하게 여겨 아들의 말이라면 무조건 들어주고 칭찬해 주었어요.

하루는 어머니가 바느질을 하려는데 암만 찾아도 바늘이 보이지 않았어요. 어머니는 바늘을 찾느라 온 집 안을 뒤졌어요. 그러자 잠시 후에 아들이 바늘 하나를 가져왔어요.

"어머니, 여기 바늘 있어요!"

"얘야, 이 바늘이 어디서 났느냐?"

"옆집에서 몰래 하나 가져왔어요. 작은 바늘 정도는 괜찮죠?"

어머니는 가만히 듣고 있다가 고개를 끄덕였어요.

'하긴 이 어미를 생각해서 그랬으니 나무랄 일도 아니지.'

그런데 아들은 자라면서 점점 손버릇이 나빠졌어요.

'엽전 하나쯤이야 어때.'

'볏단 하나쯤이야 어때.'

아들은 자라서 결국 이웃집 소까지 훔치다 들켜서 옥에 갇히고 말았어요. 그제야 늙은 어머니는 눈물을 흘리며 후회했지요.

'어릴 때부터 자식을 올바로 가르쳐야 했는데……. 바늘 도둑이 소도둑 될 줄이야, 흑흑.'

아무리 사소해 보여도 나쁜 짓은 어릴 때부터 삼가야 해요. 대수롭지 않게 여기고 그냥 넘어가다 보면 그보다 더 나쁜 짓도 거리낌 없이 저지르고, 자라서 아주 나쁜 짓을 저지르게 되는 경우가 많거든요. '바늘 도둑이 소도둑 된다'라는 말은 좋지 못한 행실일수록 점점 더 심해지기 마련이니, 어릴 때 바로잡아야 한다는 것을 깨우쳐 주는 속담이에요.

간에 붙었다 쓸개에 붙었다 한다

> **뜻풀이**
> 자기에게 조금이라도 이익이 되면 지조 없이 이쪽에 붙었다 저쪽에 붙었다 하는 태도를 비유적으로 이르는 말.

숲에 사는 여우가 다리를 다쳐서 옴짝달싹 못 하고 있었어요. 여우는 마침 지나가던 당나귀에게 말을 걸었어요.

"착한 당나귀야, 나를 좀 태워 주겠니?"

당나귀는 흔쾌히 여우를 태워 주었어요. 그런데 조금 가다가 무서운 사자를 만나고 말았어요. 당나귀가 벌벌 떨자 여우는 태연한 척하면서 사자에게 다가가 귓속말을 했어요.

"저를 살려 주시면 당나귀를 쉽게 잡아먹게 해 드릴게요."

"그래? 거참 고마운 일이군. 그렇게만 해 준다면 넌 살려 주지."

여우는 다시 당나귀에게 갔어요.

"당나귀야, 지금 사자가 한눈을 팔고 있으니 얼른 저 구덩이에 들어가 숨어."

당나귀는 여우가 시키는 대로 구덩이 안으로 들어가 숨었어요. 여우는 다시 사자에게로 걸어갔지요.

"제가 당나귀를 저 구덩이에 빠뜨려 두었으니 가 보세요."

여우는 사자에게 공손히 인사하고는 잽싸게 달아나려고 했어요. 그러자 갑자기 사자가 여우 꼬리를 꽉 움켜잡으며 말했어요.

"나는 본래 못된 놈부터 잡아먹거든. 너는 친구를 저버리고 간에 붙었다 쓸개에 붙었다 하는 나쁜 놈이니, 네놈부터 먹어야겠다!"

결국 여우는 꾀를 부리다 사자에게 잡아먹혔답니다.

<u>간과 쓸개는 우리 몸의 중요한 기관인데, 쓸개는 간 바로 밑에 붙어 있어서 위치가 매우 가까워요. '간에 붙었다 쓸개에 붙었다 한다'라는 속담은 자기한테 조금이라도 이익이 되면 금세 마음을 바꿔 이편에 붙었다 저편에 붙었다 하는 태도를 비꼬는 말이에요.</u>

꿈보다 해몽이 좋다

> **뜻풀이**
> 언짢은 일이 있을 때, 이왕이면 그럴듯하게 돌려 생각하여 좋게 풀이하는 것을 뜻하는 말.

어느 마을에 삼년고개가 있었어요. 삼년고개에는 이 고개에서 넘어져 구르면 삼 년밖에 살지 못한다는 전설이 내려오고 있었어요.

하루는 어느 할아버지가 삼년고개에서 발을 헛디뎌 구르고 말았어요. 다행히 다친 데는 없었지만 할아버지는 덜컥 겁이 났어요.

'큰일 났구나. 이 고개에서 구르면 삼 년밖에 못 산다던데……'

그날부터 할아버지는 땅이 꺼져라 한숨만 쉬었어요. 그 모습을 옆에서 지켜보던 할아버지의 손자는 좋은 생각이 떠올랐어요. 손자는 할아버지를 이끌고 삼년고개로 갔어요. 그러고는 태연히 말했어요.

"할아버지, 여기서 또 구르세요."

"할아비를 놀리면 못써. 여기서 구르면 삼 년밖에 못 산대도."

"그러니까요. 한 번 굴러서 삼 년밖에 못 살면 두 번 구르면 육 년을 살고, 열 번을 구르면 삼십 년을 사실 거 아니에요!"

그러자 할아버지 얼굴에 화색이 돌았어요.

"옳거니! 듣고 보니 네 말이 맞구나. 꿈보다 해몽이 좋아!"

손자 말대로 할아버지는 삼년고개를 몇 번이고 데굴데굴 굴렀어요. 할아버지는 그 뒤로도 건강하게 오래오래 살았답니다.

<u>이처럼 모든 일은 생각하기 나름이에요. '꿈보다 해몽이 좋다'라는 말은 좋고 나쁜 것은 풀이하기에 달렸으니, 이왕이면 좋은 쪽으로 생각하는 것이 살아가는 데 힘이 된다는 뜻이에요.</u>

그리고 내용은 그저 그런데 포장을 잘해서 제법 번듯해 보일 때, 또는 언짢은 일을 자기한테 유리하게 둘러댈 때도 '꿈보다 해몽이 좋다'라고 해요.

이 없으면 잇몸으로 산다

> **뜻풀이**
> 꼭 필요한 것이 없으면 안 될 것 같지만, 없으면 없는 대로 그럭저럭 살아 나갈 수 있다는 뜻.

어느 마을에 효심이 깊은 아들이 구순이 넘은 어머니를 지극정성으로 모시고 살았어요. 외출할 때면 꼭 어머니를 업고 나갔고, 좋은 음식을 얻으면 어머니한테 가장 먼저 드렸어요. 마을 사람들은 모두 입을 모아 그 아들을 칭찬했지요.

그러나 효심도 어쩌지 못하는 게 있었어요. 바로 세월이었지요. 어머니는 한 해 한 해 흐를수록 이가 하나씩 빠졌어요. 어머니의 이가 빠질 때마다 아들은 슬퍼했어요.

"아이고, 우리 어머니! 이가 없으니 어떻게 음식을 드신담? 이러다 돌아가시면 안 될 텐데."

"난 이미 오래 살았으니 괜찮다, 애야."

마침내 어머니는 이가 하나도 남지 않고 다 빠져 버렸어요.

그때부터 아들은 끼니마다 곡식을 곱게 갈아 아주 고운 미음을 끓였어요. 부드러운 미음은 이가 없어도 삼킬 수 있으니까요. 또 고기는 푹 삶아서 아주 부드러운 살코기로만 드렸어요.

"어머니, 이것 좀 잡숴 보세요."

"얘야, 네 덕분에 이가 없어도 잇몸으로 사는구나. 정말 고맙다, 고마워."

'이 없으면 잇몸으로 산다'라는 속담은 어떤 것이 아주 중요하여 그것이 없으면 못 살 것 같지만, 막상 없어지면 없는 대로 그럭저럭 지내게 된다는 말이에요. 사람은 자기가 놓인 환경에 적응해서 살기 때문에, 무엇이 없으면 없는 대로 다른 방법을 찾아서 견디며 살아갈 수 있다는 뜻이지요.

내 코가 석 자

뜻풀이
내 사정이 급하고 어려워서 남을 돌볼 여유가 없다는 뜻.

옛날 어느 마을에 형제가 살았어요. 심성이 고운 형은 땅을 어떻게 일굴까 고민하다가 동생을 찾아갔어요.

"내가 농사를 지으려 하는데 씨앗을 좀 주겠니?"

형과 달리 심술궂은 동생은 일부러 씨앗을 삶아서 주었어요. 그런데 신기하게도 삶은 씨앗에서 싹이 텄는데, 그 싹을 새가 물고 날아가 버렸어요. 형은 새를 쫓아갔다가 도깨비방망이를 발견했어요.

"먹을 것이 나와라, 뚝딱! 옷이 나와라, 뚝딱!"

무엇이든 외치면 다 이루어지는 도깨비방망이 덕분에 형은 큰 부자가 되었어요.

이 소식을 듣고 동생은 당장 삶은 씨앗을 밭에 뿌렸어요. 그러자 이번에도 삶은 씨앗에서 싹이 나더니 저번처럼 새가 날아와 싹을 물고는 어디로 날아갔어요. 동생은 신이 나서 새를 따라갔는데, 도깨비들이 화난 표정으로 기다리고 있지 않겠어요?

"네놈이 우리 방망이를 가져갔지? 어서 내놔라!"

동생은 도깨비들한테 혼쭐이 나서 울며불며 집으로 겨우 돌아왔어요. 동생 눈에서는 눈물이, 코에서는 콧물이 줄줄 흘러내렸어요. 그때 이런 사정을 알 리 없는 이웃 최 씨가 찾아와 빨랫방망이를 빌려달라고 하자, 동생은 화를 내며 이렇게 말했어요.

"썩 꺼지게. 지금 내 코가 석 자일세!"

여기서 코는 콧물을 뜻하고, 한 자는 30센티미터쯤 돼요. 그러니 콧물이 석 자면 아주 긴 셈이지요. '내 코가 석 자'라고 하면 콧물이 줄줄 흐르는데도 닦을 틈이 없을 만큼 내 사정이 급해서 남을 돌볼 여유가 없다는 뜻이랍니다.

남의 밥그릇이 더 커 보인다

- **뜻풀이**: 같은 물건이라도 남의 것이 더 좋아 보인다는 말.
- **비슷한 속담**: 남의 떡이 더 커 보인다.

옛날에 최 씨와 박 씨 두 사람이 이웃해서 살았어요. 최 씨는 박 씨보다 훨씬 잘살았지만 욕심이 많았어요.

어느 날, 두 사람이 함께 고개를 넘어 이웃 마을로 가고 있었어요. 해가 저물자 두 사람은 주막에 들어가 닭백숙을 한 그릇씩 시켰어요. 온종일 쉬지 않고 걸은 탓에 배가 몹시 고팠지요.

박 씨가 잠깐 손을 씻으러 나간 사이에 주모가 밥상을 들고 왔어요. 최 씨는 밥상을 보고는 기분이 상했어요.

'내 백숙이 훨씬 적지 않나?'

욕심 많은 최 씨는 박 씨가 들어오기 전에 얼른 그릇을 바꿨어요. 잠시 뒤에 박 씨가 돌아오자 최 씨는 웃으며 말했어요.

"자, 이제 먹어 볼까."

그런데 이게 어찌 된 일일까요? 숟가락으로 국물을 저어 보니 자기 그릇에는 뼈다귀만 잔뜩 있고, 양이 적어 보이던 박 씨 그릇에는 살코기가 가득 들었지 뭐예요.

'아이고, 괜히 잔꾀를 굴리다 손해만 봤네.'

후회하는 듯한 최 씨 표정을 보고 박 씨는 속으로 웃으며 닭백숙을 먹었어요. 사실 박 씨는 최 씨가 욕심이 많아 분명히 양이 많아 보이는 그릇을 가져갈 줄 알고 미리 주모에게 부탁해 놓았거든요.

남의 것이 더 좋아 보이는 것을 가리켜 '남의 밥그릇이 더 커 보인다'라는 말을 써요. 정도의 차이는 있지만 사람에게는 이런 욕심이 조금씩은 있답니다. 그래서 똑같은 물건인데도 왠지 남의 것이 더 좋아 보여 탐을 내곤 하지요.

저 먹자니 싫고 남 주자니 아깝다

뜻풀이
자기에게 소용이 없는데도 남에게는 주기 싫은 인색한 마음을 이르는 말.

조선 시대에 어느 영의정의 집은 늘 부탁하러 오는 사람들로 시도 때도 없이 북적였어요. 저마다 선물 꾸러미를 들고 와서 이런저런 부탁을 했지요.

"이번에 저희 아들이 궐에 입성하도록 도와주십시오."

"너무 오랫동안 승진을 못 하고 있으니 힘 좀 써 주십시오."

영의정이 당연하다는 듯 넙죽넙죽 선물을 받아서, 그 집 곳간은 비싼 비단과 금은보화, 곡식, 귀한 생선으로 넘쳐났어요. 그런데 곡식이나 생선은 보관하기가 쉽지 않아 금세 상할 때가 많았어요.

결국 창고를 관리하는 하인이 영의정에게 고했어요.

"대감마님, 며칠 전에 들어온 생선이 상해서 고약한 냄새가 진동합니다. 더 상하기 전에 이웃들에게라도 나눠 주면 어떨지요?"

그러자 영의정은 발끈 화를 냈어요.

"그 귀한 걸 나눠 준다고? 이런 괘씸한 놈을 봤나! 누구 맘대로 그 귀한 걸 나눠 줘? 썩어도 내 것이니 그냥 둬라."

그 뒤로도 귀한 먹거리들이 곳간에 쌓여 또 썩어 갔어요. 그런데도 영의정은 절대 남한테 나눠 주지 않았어요.

그래서 하인들은 모이기만 하면 주인인 영의정을 흉보았어요.

"세상에, 저 귀한 걸 그냥 썩게 두다니……. 저 먹자니 싫고 남 주자니 아까운 게지."

이 영의정처럼 욕심이 많은 사람을 빗대어 말할 때 '저 먹자니 싫고 남 주자니 아깝다'라는 속담을 써요. 자기에게는 아무 필요도 없지만 남에게 주기는 아까운 마음을 익살스럽게 표현한 말이지요.

똥 누러 갈 적 다르고 올 적 다르다

뜻풀이
자기 일이 아주 급한 때는 통사정하며 매달리다가 그 일을 무사히 다 마치고 나면 모른 체하는 모습을 비꼬는 말.

어느 선비가 과거 보러 가는 길에 갑자기 소나기가 쏟아져 비를 쫄딱 맞고 있었어요. 이때 지나가던 노인이 선비를 보고 말했어요.

"먼 길을 가는 모양인데 내 갈모를 빌려줄 테니 쓰고 가시오."

갈모는 비가 올 때 갓 위에 덮어 쓰던 고깔처럼 생긴 물건이에요.

"어르신, 처음 보는 사람에게 귀한 갈모를 빌려주시다니요."

"나중에 돌려주면 되잖소. 우리 집은 저 아래 돌담집이라오."

선비는 꼭 돌려주겠다고 거듭 다짐하며 길을 떠났어요. 그러나 과거에 급제하자 선비는 그 사실을 까맣게 잊고는 싱글벙글하며 금의환향했지요.

얼마 뒤, 선비는 조정의 대신들 앞에 나아가 인사를 하게 됐어요. 그런데 그중 한 대신이 선비를 보고 말했어요.

"그대는 얼마 전 어떤 늙은이한테 갈모를 빌려 가지 않았나?"

선비가 깜짝 놀라 고개를 들어 보니 그 대신은 바로 갈모를 빌려준 노인이었어요. 대신은 선비를 크게 꾸짖었어요.

"아무리 하찮은 약속이라도 처음 마음처럼 지켜야지. 그런 것조차 지키지 못한다면 어찌 나라의 큰일을 맡아 해낼 수 있겠는가!"

선비는 대신 앞에 엎드려 용서를 빌고 또 빌었답니다.

'똥 누러 갈 적 다르고 올 적 다르다'는 변하기 쉬운 사람의 마음을 표현한 속담이에요. 똥을 누기 전에는 마음이 급해서 초조해지지만, 똥을 누고 나면 급한 일은 해결되었으니 아쉬울 게 없어지지요. 사람의 마음이란 조건과 환경, 때와 장소에 따라 변하기 쉬워요. 그렇지만 어려울 때나 여유로울 때나 마음가짐이 한결같아야 신뢰를 얻을 수 있어요.

금강산도 식후경

뜻풀이
아무리 재미있는 일이라도 배가 불러야 흥이 나지, 배가 고프면 아무 일도 할 수 없음을 비유적으로 이르는 말.

비슷한 속담: 수염이 대 자라도 먹어야 양반이다.

두 친구가 금강산 여행을 떠났어요. 금강산까지 가는 길은 아주 멀고 험했어요.

한참을 걷던 중 한 친구가 집에서 싸 온 도시락을 꺼냈어요.

"힘들어서 안 되겠네. 조금 쉬면서 밥을 먹고 가세."

다른 친구는 이러다 금강산에 가지 못할까 봐 몹시 걱정이 됐어요.

"이럴 시간이 없네. 한시바삐 금강산에 닿아야 아름다운 경치를 조금이라도 더 구경하지 않겠나."

결국 한 친구만 서둘러 도시락을 먹고 다시 길을 떠났어요.

며칠 뒤, 금강산에 도착한 두 친구 앞에는 그야말로 절경이 펼쳐졌어요. 중간중간 도시락을 먹으면서 온 친구는 훌륭한 경치에 감탄하며 친구에게 말했어요.

"저 절경을 보게나! 멀리까지 온 보람이 있네그려."

그런데 옆에 있는 친구가 아무 말이 없었어요. 고개를 돌려 본 친구는 깜짝 놀랐어요. 아무것도 먹지 않은 채 쉬지 않고 걸어온 친구가 금강산에 도착하자마자 그만 기절해 버린 거예요. 부랴부랴 밥을 물에 말아 먹이자, 친구는 겨우 정신을 차렸어요.

"이보게, 금강산도 식후경이라네. 이렇게 밥도 안 먹으면 금강산이 다 무슨 소용이란 말인가."

그제야 친구는 배고픔 앞에서는 멋진 경치도 아무 소용이 없다는 걸 깊이 깨달았지요.

이처럼 '금강산도 식후경'이라는 속담은 아무리 좋은 일도 일단 배가 고프지 않아야 할 수 있다는 뜻이랍니다.

바다는 메워도 사람 욕심은 못 채운다

> **뜻풀이**
> 바다는 아무리 넓고 깊어도 메울 수 있지만, 사람의 욕심은 끝이 없어 무엇으로도 채울 수 없다는 뜻.

어느 마을에 부자 영감이 살고 있었어요. 영감에게는 매일 황금 알을 하나씩 낳는 거위가 있었어요. 영감은 그 거위가 낳은 황금 알을 팔아 풍족하게 살 수 있었지요.

그런데 영감은 슬슬 욕심이 생겼어요.

'황금 알을 하루에도 여러 개 낳게 하는 방법은 없을까?'

영감은 날마다 거위에게 좋은 모이를 주면서 사정했어요.

"거위야, 거위야! 제발 황금 알을 한꺼번에 쑥쑥 많이 낳아 다오."

거위는 영감의 말을 알아듣기라도 한 듯이 큰 소리로 꽥꽥댔어요.

이튿날, 영감은 떨리는 마음으로 거위에게 다가갔어요.

'오늘은 알을 여러 개 낳았을까?'

그러나 거위는 평소처럼 황금 알을 하나만 낳았어요. 영감은 크게 실망했지요. 그때 영감의 머릿속에 좋은 생각이 떠올랐어요.

"거위를 잡아서 배를 가르는 거야!"

거위 배 속에 황금 알이 여러 개 들어 있다고 믿은 영감은 거위의 배를 갈랐어요. 그러나 거위 배 속에는 황금 알은 보이지 않고 내장만 가득했지요. 영감은 자신의 어리석은 행동을 후회했지만 하루에 하나씩 황금 알을 낳아 주던 거위는 이미 죽고 말았어요.

바다는 너무 넓어서 땅이 전부 그 속으로 꺼진다고 해도 메울 수가 없어요. 그런데 그 바다보다 더 큰 것이 사람의 욕심이라고 해요. '바다는 메워도 사람 욕심은 못 채운다'라는 속담은 넓은 바다는 메울 수 있을지언정 사람 욕심은 채울 수 없으니, 사람의 욕심이 그만큼 끝도 없다는 뜻이에요.

잘되면 제 탓, 안되면 조상 탓

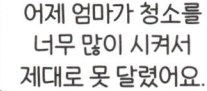

뜻풀이
일이 잘되면 자기 공을 내세우고, 일이 안되면 그 책임을 남에게 돌리는 간사한 마음을 뜻하는 말.

어느 마을에 아버지와 아들이 농사를 지으며 살고 있었어요.

"얘야, 올해는 밭에 수수를 심으면 어떻겠느냐?"

"그게 좋겠어요. 저도 그럴 생각이었어요."

아버지와 아들이 열심히 농사를 지어 그해에는 풍년이 들었어요.

"이거 보세요. 제 말대로 수수를 심으니 농사가 잘됐죠?"

아들은 수수가 풍년이 든 것이 다 자기 덕분이라며 으스댔어요.

이듬해 봄이 되자, 아버지는 또 아들에게 물었어요.

"얘야, 올해는 무엇을 심을까?"

"글쎄요, 풍년이 들 만한 곡식을 심어야지요."

"어떤 곡식을 심으면 풍년이 들겠느냐?"

"왜 저한테 자꾸 물어보세요? 농사는 아버지가 더 잘 아시니, 아버지가 알아서 하시면 되잖아요."

아버지는 고민하다 수수를 심었어요. 그런데 그해에는 장마가 너무 길어 그만 농사를 망치고 말았답니다. 그러자 아들은 아버지에게 불평했어요.

"아버지 말을 듣고 수수를 심었다가 올해 농사를 망쳤어요. 아버지가 수수를 심는다고 할 때 말렸어야 하는데……."

"이놈아, 어디서 잘되면 제 탓, 안되면 조상 탓을 하느냐?"

아들은 아버지에게 혼이 나고 잔뜩 풀이 죽었지요.

이런 사람들을 보고 '잘되면 제 탓, 안되면 조상 탓'이라는 속담을 써요. 하는 일이 잘 풀리지 않으면 조상이 변변치 않아 되는 일이 없다고 하고, 잘되면 자기가 잘난 덕분이라며 으쓱대곤 하지요. 잘못된 이유를 항상 남 탓으로 돌리는 사람은 발전이 없겠지요?

남의 제사에 감 놔라 배 놔라 한다

> **뜻풀이**
> 자기와 전혀 상관없는 일에 공연히 나서는 것을 비유적으로 이르는 말.

조선 시대에 한 선비가 길을 가다 날이 저물어 어느 마을에서 쉬어 가게 되었어요. 선비는 가장 가까운 집 대문을 두드렸어요.

"지나가는 나그네인데 하룻밤만 묵어갈 수 있겠습니까?"

"오늘은 어머니 제삿날인데, 그래도 괜찮다면 들어오시지요."

제삿날이라 그런지 집 안에는 음식 냄새가 진동했어요. 그런데 우연히 안채 쪽을 지나가다 선비는 희한한 광경을 보고 달았어요. 주인 부부가 제사상 앞에다 이부자리를 깔고 함께 잠자리에 드는 것이 아니겠어요?

'저런 못 배운 자들이 있나! 제사상 앞에서 무슨 허괴한 짓이지? 내가 한마디 해야겠어.'

이튿날 아침, 선비는 주인을 보자 운을 떼었어요.

"제가 보려고 본 것은 아닙니다만……."

그러자 무슨 말인지 안다는 듯 주인이 가만히 입을 열었어요.

"저는 어릴 때 어머님을 여의었습니다. 어머님은 제가 장가가는 걸 보지 못해 한스러워하셨어요. 그래서 좋은 부인을 만나 화목하게 잘 살고 있으니 걱정 마시라고 그런 제사를 드렸답니다."

선비는 그제야 주인에게 한마디 하려던 자신이 부끄러웠어요.

"죄송합니다. 그런 사연이 있는 줄도 모르고 괜히 남의 제사에 감 놔라 배 놔라 간섭할 뻔했습니다."

이 선비처럼 아무 사정도 모르면서 남의 일에 끼어들어 여기에 감을 놔라, 저기에 배를 놔라 하며 충고할 필요는 없지요. '남의 제사에 감 놔라 배 놔라 한다'라는 속담은 자기와는 상관도 없는 일에 끼어들어 간섭하는 것을 비꼬는 말이랍니다.

웃는 낯에 침 못 뱉는다

뜻풀이
좋게 대하는 사람에게는 화를 내거나 나쁘게 대할 수 없다는 말.

어느 마을에 인심 좋고 마음이 넓은 부인이 자식들과 함께 살고 있었어요. 옆집에는 속이 좁고 늘 투덜대기만 하는 부인이 살았고요.

"우리 집 앞으로 쓰레기가 넘어오지 않게 해요!"

"아이들 소리가 시끄러워 잠을 잘 수가 없어요!"

옆집 부인이 이렇게 불평할 때마다 마음이 넓은 부인은 그저 웃으며 사과했어요.

"아유, 미안해요. 내가 좀 더 신경 쓸게요."

마음이 넓은 부인의 아들은 공연히 트집을 잡는 옆집 사람에게 늘 웃으면서 넘어가는 어머니를 이해할 수 없었어요.

"어머니는 잘못한 것도 없는데 왜 그렇게 웃으면서 대하세요?"

어머니는 아들의 머리를 쓰다듬으며 말했어요.

"웃는 낯에는 침 못 뱉는 법이란다. 우리가 친절하게 대하다 보면 저 사람도 우리를 친절하게 대하는 날이 올 거야."

아들은 고개를 갸웃했어요. 그런데 어머니가 계속 웃는 얼굴로 친절하게 대하자, 옆집 부인이 조금씩 변하는 듯했어요. 어머니 말대로 그 부인도 점점 싫은 소리를 안 하고 친근하게 말을 걸었어요.

"이것 좀 먹어 봐요. 우리 남편이 산에서 따 온 열매라오."

"아이들이 참 예쁘게 크는구려."

이제 두 이웃은 아주 돈독한 사이가 되었답니다.

이처럼 아무리 못되게 구는 사람이라도 웃음을 머금은 얼굴에 대고는 험한 소리를 못 하는 게 사람 마음이에요. '웃는 낯에 침 못 뱉는다'라는 속담은 나한테 좋게 대하는 사람에게는 함부로 대하기가 어렵다는 뜻이랍니다.

미운 놈 떡 하나 더 준다

뜻풀이
미운 사람일수록 잘해 주면서 나쁜 감정을 쌓지 않아야 한다는 말.

어느 산골에 형과 아우가 서로 가까이 살고 있었어요.

그런데 동생은 몹시 구두쇠여서 이웃과 나눠 먹을 줄을 몰랐어요. 집에서 떡이라도 찌면 언제나 자그마한 그릇에 딱 한 개만 담아 형 집으로 보냈지요. 그러나 형은 아우와 정반대로 인심이 후했어요. 언제나 한 가족이 모두 배불리 먹을 수 있게 음식을 큼직한 그릇에 듬뿍 담아 보냈어요.

어느 가을, 형의 집에서는 추석을 앞두고 송편을 빚었어요. 형은 여느 때처럼 큰 함지박에 송편을 푸짐하게 담아 딸에게 말했어요.

"얘야, 이 송편을 작은아버지 댁에 가져다드리렴."

그러자 딸이 뾰로통하게 말했어요.

"우리도 이제 조금만 보내요. 작은아버지 댁에서는 음식을 해도 언제나 조금만 주잖아요."

형은 딸의 서운한 마음을 알고 웃으며 말했어요.

"나도 동생이 마냥 예뻐서 이러는 건 아니야. 하지만 미운 놈 떡 하나 더 주는 법이란다. 미운 사람일수록 잘 대해 주어야 뒤탈이 없는 법이거든."

형의 말은 틀리지 않았어요. 송편 함지박을 받은 동생은 형의 마음 씀씀이에 감동받아 그 뒤로 조금씩 변했답니다.

'미운 놈 떡 하나 더 준다'라는 속담은 미운 사람일수록 잘해 주고 인심을 얻어야 한다는 뜻이에요. 아무리 남에게 야박한 사람이라도 상대방이 따뜻하게 진심으로 대하면 태도가 변할 수도 있겠지요.

제 꾀에 제가 넘어간다

뜻풀이
꾀를 내어 남을 속이려다가 도리어 자기가 그 꾀에 당하게 됨을 이르는 말.

: 제 발등을 제가 찍는다.

어느 날, 한 사내가 마을의 부자를 찾아와 다짜고짜 돈 천 냥을 꿔 달라고 했어요. 부자가 딱 잘라 거절하자 사내는 무언가를 꺼내며 다시 부탁했어요.

"우리 집안 가보인 황금 두꺼비를 맡기겠습니다. 황금으로 만든 것이라 아마 만 냥도 넘을 것입니다."

부자가 고민 끝에 천 냥을 빌려주자 사내는 돈을 들고 유유히 사라졌어요. 그런데 그 황금 두꺼비는 가짜였답니다. 그 사실을 안 부자는 화가 나서 어떻게 할지 궁리하다가 좋은 꾀를 냈어요.

이튿날, 마침 마을에서 잔치가 열렸어요. 부자는 그 잔치에 가서 눈물을 흘리며 마을 사람들에게 말했어요.

"내가 어떤 사람에게 황금 두꺼비를 받고 돈을 꿔 주었는데, 글쎄 그 귀한 걸 간밤에 도둑맞았지 뭔가. 그걸 돌려주지 못하면 나는 만 냥을 물어 줘야 할 판인데, 이를 어쩌면 좋겠소?"

이 말은 소리 없이 퍼져서 금세 그 사내 귀에까지 들어갔어요. 사내는 돈 천 냥을 들고 다시 부자를 찾아왔어요.

"자, 지난번에 빌린 돈을 가져왔습니다. 이제 내 황금 두꺼비를 돌려주시지요."

사내는 부자가 황금 두꺼비 대신 만 냥으로 갚을 거라고 생각했어요. 그런데 부자는 태연히 황금 두꺼비를 내놓는 게 아니겠어요? 제 꾀에 속은 것을 안 사내는 아무 말도 못 하고 줄행랑을 쳤답니다.

'제 꾀에 제가 넘어간다'라는 속담은 남을 속이려다가 되레 자기가 속게 되는 것을 이르는 말이에요. 지나치게 꾀를 부리면 결국은 자기가 곤란해지지요.

제 버릇 개 못 준다

뜻풀이

버릇이란 긴 세월 동안 몸에 밴 것이기 때문에 한번 들인 버릇은 고치기가 쉽지 않다는 뜻.

비슷한 속담: 세 살 버릇 여든까지 간다.

마을 원님에게는 큰 걱정거리가 있었어요. 늦게 얻은 아들 하나가 장가갈 나이를 훌쩍 넘겼는데도 짝을 찾지 못했거든요.

어느 날, 원님은 꼭두새벽에 포졸들을 불러 놓고 소리쳤어요.

"너희는 날이 새자마자 밖에 나가 내 며느릿감을 무조건 찾아오너라! 이번 달 내로 구해 오지 못하면 누구도 무사하지 못할 것이다!"

포졸들은 무작정 화를 내는 원님 때문에 하는 수 없이 원님의 며느릿감을 찾아 나섰어요. 며칠 뒤, 한 포졸이 사또 앞에 나타났어요.

"그래, 내 며느릿감은 구했느냐?"

"예. 그런데 그 처자가 말하기를, 무서운 시아버지는 싫으니 사또께서 호통치는 버릇만 개에게 떼어 주면 시집을 오겠답니다."

"그게 뭐 어려우냐. 내 당장 호통치는 버릇을 고치겠다 전해라."

그 말이 끝나기 무섭게 포졸은 건들대며 걸어 나갔어요. 그 모습을 보자 사또는 자기가 한 말을 금세 잊고 또다시 호통을 쳤어요.

"네 이놈! 감히 누구 앞에서 건들대는 게냐!"

그러자 포졸은 곧바로 다시 돌아와 원님에게 말했어요.

"나리, 호통치는 버릇을 개에게 떼어 주시겠다더니 어려우시죠? 며느님 얻기는 아무래도 그른 듯합니다. 저는 이만 물러가겠습니다."

포졸은 웃으며 물러갔어요. 물론 애초부터 며느릿감은 없었지요. 사또는 화가 잔뜩 나서 신고 있던 신발을 집어 던졌답니다.

'제 버릇 개 못 준다'라는 속담은 무릇 버릇이란 오랜 세월 동안 몸에 밴 것이기 때문에 한번 들인 버릇은 고치기 힘들다는 뜻이에요. 버릇을 고치려면 엄청난 노력을 쏟아야 하니, 어릴 때부터 나쁜 버릇이 들지 않게 조심해야겠지요?

4장 역사 속 인물이 가르쳐 준 속담

공든 탑이 무너지랴

- **뜻풀이**
- 정성을 다하여 한 일은 반드시 좋은 결과를 얻는다는 뜻.
- **비슷한 속담:** 돌도 십 년을 보고 있으면 구멍이 뚫린다.

고려의 장군 최무선은 왜구 때문에 편할 날이 없었어요. 왜구는 걸핏하면 해안 지역에 나타나 우리 백성들을 괴롭히고 물건을 훔쳤어요.

'어떻게 하면 왜구를 물리칠 수 있을까?'

고민에 빠져 있던 최무선은 어느 날, 중국에서 들여온 화약으로 불꽃놀이하는 모습을 보고 무릎을 치며 기뻐했어요.

"아! 바로 저거야!"

최무선은 화약을 이용해 왜구를 무찔러야겠다고 생각했어요. 그러나 처음부터 화약을 만들 수는 없었어요. 그건 오직 중국만 알고 있는 비밀 기술이었거든요. 그때부터 최무선은 몇 년 동안 중국어를 공부하고, 화약 제조 기술이 있는 이원이라는 사람을 만났어요.

"부탁이니 내게 화약 만드는 기술을 가르쳐 주십시오."

"그런 기술은 함부로 가르쳐 줄 수 없소."

그러나 최무선은 포기하지 않았어요. 몇 달을 따라다니며 간절히 부탁하고 극진히 대접하자, 드디어 이원의 마음이 움직였어요.

"당신의 정성과 노력에 내가 졌소. 화약 만드는 법을 알려 주겠소."

최무선은 소원대로 화약 만드는 기술을 배우게 되었어요. 그리고 연구를 거듭한 끝에 드디어 화약을 만드는 데 성공했지요. 덕분에 고려는 왜구를 쉽게 물리칠 수 있었답니다.

최무선이 끈질기게 노력한 것처럼, 차근차근 공들여 쌓은 탑은 지진 같은 자연재해에도 쉽게 무너지지 않아요. '공든 탑이 무너지랴'라는 말은 어떤 일이든 힘을 다하고 정성을 다하면 결과가 헛되지 않다는 뜻이에요.

구르는 돌은 이끼가 끼지 않는다

뜻풀이
부지런하고 꾸준히 노력하는 사람은 계속 발전한다는 뜻.

비슷한 속담: 흐르는 물은 썩지 않는다.

어느 늦은 겨울밤, 궁궐 뜰을 거닐던 세종 대왕은 집현전에 불이 켜져 있는 것을 보았어요.

"지금 당장 집현전으로 가서 오늘 밤 남아 있는 사람이 누구인지 알아보거라."

그 사람은 신숙주라는 젊은 학자였어요. 세종은 깊이 감동했어요.

'젊은 학자가 밤늦도록 학문을 연구하다니 참으로 기특한지고!'

세종은 입고 있던 웃옷을 벗어 내관에게 건넸어요.

"혹시 잠들었으면 이걸 덮어 주고 오너라. 온종일 얼마나 애썼겠느냐."

그러고는 세종도 방으로 돌아와 곧장 책을 폈어요.

'백성의 본이 되어야 할 내가 노력을 게을리할 수는 없지.'

어느덧 날이 밝아 오고 첫닭이 울었어요. 잠에서 깬 신숙주는 자기 몸 위에 임금의 옷이 덮여 있는 것을 보고 깜짝 놀랐어요.

"아, 상감마마!"

신숙주는 그 옷을 가슴에 품고 조용히 일어나 세종이 있는 쪽을 향해 큰절을 올렸어요. 그리고 더더욱 학문에 힘써 많은 업적을 이루었답니다.

돌이 한곳에 오래도록 있으면 이끼가 끼게 마련이에요. 움직이지 않는 기계에 녹이 스는 이치와 같지요. '구르는 돌은 이끼가 끼지 않는다'라는 속담에서 구르는 돌은 바로 신숙주와 세종 대왕처럼 끊임없이 노력하는 사람을 가리켜요. 열심히 하는 사람은 결국 발전하게 되어 있다는 뜻이지요.

말이 씨가 된다

> **뜻풀이**
> 늘 말하던 것이 실제로 일어날 수도 있으니 말을 함부로 하지 말고 조심하라는 뜻.

조선 태조 이성계의 아들들은 서로 왕이 되려고 '왕자의 난'을 일으켰어요. 그러자 아들들이 미워진 태조는 자기가 나고 자란 함흥으로 가서 돌아오지 않았어요.

그 뒤에 왕이 된 태종 이방원은 아버지 태조를 한양 궁궐로 모시려고 함흥에 수없이 차사를 보냈어요. 차사란 중요한 일을 위해 파견하던 사람이에요. 그러나 태조는 화가 풀리지 않아 함흥차사가 올 때마다 이들을 모조리 잡아 죽였어요.

그런데 하필 이성계의 친구이기도 한 성석린이 함흥차사로 가게 되었어요. 성석린을 본 이성계가 물었어요.

"그대가 정녕 죽으려고 함흥차사로 왔단 말인가?"

"소신은 차사로 온 것이 아니옵고 옛 우정을 나누려고 왔나이다."

성석린은 사실대로 말하지 않고 이렇게 얼버무렸어요.

"그 말에 한 치의 거짓도 없으렷다."

"소신이 만약 거짓을 고한다면 소신의 자손이 눈이 멀 것입니다."

덕분에 성석린은 다행히 목숨을 잃지 않았어요. 그런데 어찌 된 일인지 그 뒤에 성석린의 아들과 손자는 모두 성석린이 했던 말 그대로 눈이 멀고 말았어요.

후대 사람들은 성석린의 이야기를 두고 이렇게 수군댔답니다.

"말이 씨가 되니 말을 조심해야 해."

'말이 씨가 된다'라는 속담은 말 한마디가 미래의 결과나 상황을 불러올 수 있다는 의미예요. 말을 할 때는 언제나 신중하게 해야 하고, 불길한 말이나 안 좋은 일은 입에 담지 않는 편이 좋다는 뜻이지요.

우물을 파도 한 우물을 파라

뜻풀이

일을 이것저것 벌여 놓거나 하던 일을 자주 바꾸기보다는 어떤 일이든 한 가지를 꾸준히 해야 성공한다는 뜻.

조선 최고의 명필가르 알려진 한석봉이 하루는 종이와 먹을 사러 시장에 갔어요. 어느 기름 가게 앞을 지나는데, 기름병을 든 소년이 높은 담벼락에 대고 외쳤어요.

"아저씨, 참기름 닷 돈어치만 주세요!"

한석봉은 가게 안으로 들어가지 않고 기름을 사려는 소년이 이상했어요. 그때 다락 창문이 열리더니 주인이 얼굴을 내밀며 말했어요.

"알았으니 거기 병을 들고 서 있어라."

소년은 익숙한 일인 듯 기름병을 바로 세웠어요.

잠시 뒤, 놀라운 광경이 펼쳐졌어요. 주인이 다락에서 기름 항아리를 기울이자 주둥이에서 기름이 흘러나왔어요. 그런데 그 기름이 정확하게 소년의 기름병으로 쭉쭉 떨어지는 게 아니겠어요?

기름은 병이 다 찰 때까지 한 방울도 땅에 떨어지지 않았지요. 한석봉은 너무 놀라 그 자리를 뜨지 못했어요.

'참 놀라운 솜씨다! 얼마나 오래도록 한 우물을 팠으면 저런 경지에 이르렀을까. 나도 더 열심히 연습하고 실력을 쌓아야겠다.'

한석봉은 그 일을 잊지 않고 서예를 열심히 갈고닦아 중국에까지 이름을 알리는 명필가가 되었답니다.

'우물을 파도 한 우둘을 파라'라는 속담은 무슨 일이든 한 가지 일을 끝까지 밀고 나아가야 성공할 수 있다는 뜻이에요. 일을 너무 많이 벌여 놓기만 하거나 하던 일을 자주 바꾸면 결실을 거두기 힘들지요. 처음에는 물이 나오지 않지만 한 우물을 꾸준히 파다 보면 깊은 곳에서 물이 솟듯이, 사람도 무엇이든 한 가지 일에 최선을 다하면 뛰어난 전문가가 될 수 있답니다.

무쇠도 갈면 바늘 된다

뜻풀이
어떤 어려운 일이라도 꾸준히 노력하면 이룰 수 있다는 뜻.

비슷한 속담: 낙숫물이 댓돌을 뚫는다.

중국 최고의 시인 이백은 젊은 날 공부를 하려고 산으로 들어갔어요. 그러나 깊은 산속에서 공부만 하려니 몹시 따분했어요.

'내가 이 적막한 산속에서 뭘 하고 있는 거지?'

이백은 스승에게 인사도 하지 않고 몰래 산을 내려와 버렸어요. 그런데 이백이 계곡 아래 냇가에 다다랐을 때, 이상한 광경을 보았어요. 어떤 할머니가 무쇠 절굿공이를 바위에 대고 갈고 있는 거예요.

"할머니, 지금 뭐 하고 계세요?"

"바늘을 만들려고 갈고 있다오."

이 말을 듣고 이백은 할머니가 제정신이 아니라고 생각했어요. 무쇠 절굿공이를 갈아 바늘을 만든다니, 말도 안 되는 일이었지요.

"아니, 그렇게 큰 절굿공이를 간다고 바늘이 되겠습니까?"

"아무렴, 되고말고. 중간에 그만두지 않으면 반드시 된다네."

그 말에 이백은 속이 뜨끔했어요.

'제대로 공부하지도 않고 싫증을 냈으니 당연히 얻는 게 없지.'

큰 깨달음을 얻은 이백은 할머니에게 공손히 절을 올렸어요.

"할머니, 큰 가르침 감사합니다."

이백은 다시 산으로 올라갔어요. 그리고 마음이 해이해질 때면 바늘을 만들려고 무쇠 절굿공이를 갈던 할머니를 떠올렸답니다.

하늘이 내려 준 시인이라 칭송받는 이백에게 이런 마음가짐이 없었다면 오늘날까지 오래도록 인정받지 못했을 거예요. 사람은 작은 어려움도 견디지 못하고 쉽게 포기할 때가 많지요. 그러나 무쇠도 갈면 바늘이 될 수 있듯, 아무리 불가능해 보이는 일이라도 꾸준히 노력하면 언젠가 이룰 수 있답니다.

산 입에 거미줄 치랴

뜻풀이
아무리 가난하여 식량이 떨어져도 사람은 그럭저럭 먹고 살아가기 마련이라는 뜻.

비슷한 속담: 굶어 죽기는 정승 하기보다 어렵다.

조선 시대의 정승 황희는 청렴하기로 유명했어요. 황희는 재물을 멀리하고 욕심이 없어 평생을 가난하게 살았지요.

어느 날, 황희는 병이 들어 몸져눕게 되었어요. 아버지의 임종을 앞에 둔 두 딸은 걱정이 태산이었어요.

"돈이 없는데 아버지 장례를 어떻게 치러야 할지……."

"언니, 아버님이 돌아가시면 우리는 어찌 살지요?"

황희는 딸들의 이야기를 엿듣고는 조용히 딸들을 불렀어요.

"아무 염려 마라. 산 사람 입에는 거미줄 치지 않는 법이다."

얼마 뒤, 황희는 세상을 떠났어요. 문상을 온 임금은 황희의 집 지붕에서 빗물이 새는 것을 보았어요.

'한 나라의 재상이 이렇게 청렴하게 살 수 있을까.'

뚝뚝 떨어지는 빗물을 보면서 왕도 눈물을 뚝뚝 흘렸지요.

"여봐라, 황희 정승의 가족에게 장례비와 식량을 내리거라."

황희가 살아생전 말한 대로 남은 가족은 끼니 걱정을 하지 않게 되었답니다.

거미줄은 보통 인적이 드문 곳에 생겨요. 그러니 거미줄이 사람 입에 생기려면 사람이 며칠 동안 입으로 드나드는 것 없이 아무것도 먹지 않아야 하는데, 그럴 일은 거의 없지요. 즉 '산 입에 거미줄 치랴'라는 말은 사람은 어떻게든 먹고 살아갈 길이 생기게 마련이라는 뜻이에요. 또 아무리 삶이 고달파도 항상 긍정적으로 생각하라는 의미도 담겨 있지요.

이미 엎질러진 물이다

뜻풀이
다시 바로잡거나 되돌릴 수 없는 일을 비유적으로 이르는 말.

비슷한 속담: 이미 쏘아 놓은 살이요, 엎지른 물이다.

중국 주나라 때 정치인이었던 강태공은 은나라를 평정한 공으로 제왕의 사랑을 한 몸에 받았어요. 그러나 시기하는 사람들이 많아서 억울하게 벼슬에서 쫓겨나고 말았지요.

시골로 내려간 강태공이 매일 강에 나가 한가로이 낚시만 하자, 강태공의 부인 마 씨는 점점 화가 치밀었어요.

"도대체 무슨 생각으로 사는 거예요? 이젠 굶는 것도 지쳤어요!"

결국 마 씨는 집을 나가고 말았어요. 그래도 강태공은 날마다 강으로 가서 낚싯대를 드리웠어요.

그러던 어느 날, 주나라 문왕의 명이 날아왔어요.

"강상(강태공의 이름)을 제후어 책봉하노라!"

강태공이 억울한 누명을 벗은 거예요. 이 소식을 들은 마 씨는 강태공이 행차하는 길에 나타났어요.

"부디 과거의 잘못은 잊고 다시 저를 부인으로 맞아 주십시오."

그러자 강태공은 마 씨에게 물 한 사발을 달라 부탁했어요. 부인 마 씨가 당장 물 한 그릇을 떠 오자, 강태공은 물을 마시지 않고 그 자리에서 쏟아 버린 뒤 이렇게 말했어요.

"이 물을 도로 그릇에 담는다면 다시 부인으로 받아들이겠소."

부인은 눈물을 흘리더 후회했어요. 쏟아진 물을 다시 담을 수는 없는 노릇이니까요.

이 이야기에서 '이미 엎질러진 물이다'라는 말이 생겨났어요. 한번 일어난 일은 다시 되돌릴 수 없으니 더는 집착하거나 애쓰지 말라는 뜻이에요.

열 번 찍어 안 넘어가는 나무 없다

> **뜻풀이**
> 아무리 뜻이 굳은 사람이라도 여러 번 권하고 달래면 결국은 마음이 변한다는 말.

고구려 장수왕은 땅을 더 넓히기 위해 백제를 공격하기로 마음먹었어요. 그래서 가까이 지내던 도림 스님을 첩자로 보내 정세를 살펴보게 했지요. 도림 스님은 백제로 가서 백제 왕과 바둑을 두게 되었어요.

"바둑 실력이 참으로 대단하십니다. 바둑을 두는 성품으로 보아 천하를 호령하실 분이오니, 부디 나라를 더 넓히십시오."

"영토를 넓히면 좋겠지만 지금은 달리 방법이 없는 듯하오."

그러자 도림 스님은 더욱 강한 어조로 말했어요.

"아주 큰 토목 공사를 벌이십시오. 그러면 백성들의 뜻을 한데 모을 수 있고, 이웃 나라에서도 쉽게 넘보지 못할 것입니다."

백제 왕은 당장 그렇게까지 하고 싶지는 않았어요. 그런데 도림 스님은 바둑을 둘 때마다 자꾸 같은 말을 했어요.

"지금이 바로 영토를 넓힐 수 있는 절호의 기회입니다."

"부유한 백제가 토목 공사를 하지 않을 이유가 무엇입니까?"

그러자 마음이 흔들린 백제 왕은 결국 큰 토목 공사를 시작했어요. 도림 스님은 고구려로 돌아와 장수왕에게 말했어요.

"지금 백제는 무모한 공사를 하느라 정신이 없을 겁니다."

마침내 장수왕은 때를 노려 백제를 무너뜨릴 수 있었답니다.

훗날 사람들은 도림 스님의 끈질긴 꾐에 넘어간 백제 왕을 두고 '열 번 찍어 안 넘어가는 나무 없다'라는 말을 썼어요. 생각이 굳은 사람이라도 같은 말을 자꾸 듣다 보면 마음이 흔들리고 만다는 뜻이에요. 아름드리 큰 나무도 계속 도끼질을 하면 결국에는 쓰러지는 법이거든요.

티끌 모아 태산

뜻풀이: 작은 것이라도 모이고 모이면 나중에 큰 덩어리가 된다는 말.

비슷한 속담: 먼지도 쌓이면 큰 산이 된다.

조선 시대에 이항복이라는 뛰어난 인물이 있었어요. 이항복은 어릴 때 대장간에 자주 놀러 가서 버려진 쇳조각을 주워 왔어요.

그러다 하루는 아버지에게 들켜 단단히 혼이 났지요.

"글공부는 안 하고 이런 쓸데없는 거나 갖고 놀다니, 당장 내다 버려라!"

그러나 이항복은 쇳조각을 몰래몰래 계속 모았어요. 쇳조각은 어느새 큰 항아리 세 개에 그득 쌓였어요.

어느 날, 대장간이 그만 문을 닫게 되었어요.

"대장장이가 빚이 많아 망했다는군."

"어휴, 안됐네그려. 연장 만드는 솜씨가 참 좋았는데."

마을 사람들 얘기를 듣고 이항복은 바로 대장장이를 찾아갔어요.

"아저씨, 그동안 제가 대장간 주위에서 모은 쇳조각이 항아리 세 개에 가득 찼답니다. 그걸 녹여서 다시 연장을 만들어 보세요."

대장장이는 이항복이 모은 쇳조각으로 다시 호미와 낫을 만들었어요. 그리고 그걸 팔아서 더 큰 연장을 만들어 팔았지요. 덕분에 대장장이는 금세 다시 일어설 수 있었어요.

그러자 마을 사람들은 모두 이항복을 칭찬했어요.

"세상에. 버린 쇳조각이 그렇게 모여서 효자 노릇을 할 줄이야."

"티끌도 모으면 언젠가는 태산이 되겠는걸!"

이런 일을 두고 '티끌 모아 태산'이라는 속담을 써요. 티끌은 먼지처럼 아주 작은 것을 뜻하고, 태산은 중국에 있는 크고 높은 산 이름이에요. 아주 작은 것이라도 쌓이고 쌓이면 태산처럼 거대해진다는 뜻이지요.

하늘이 무너져도 솟아날 구멍이 있다

- **뜻풀이**
- 아무리 어려운 상황에 부딪히더라도 살아 나갈 길이 있다는 뜻.
- **비슷한 속담**: 사람이 죽으란 법은 없다.

중국의 유명한 학자 도종의는 몹시 가난한 농사꾼이었어요. 도종의는 마음 편히 책 읽고 글 쓰는 시간을 마련하는 게 소원이었어요. 그러나 농사일이 바빠 시간이 나지 않았지요.

"나 같은 놈이 무슨 글을 쓴다고. 이루지 못할 꿈은 버리자."

도종의의 그런 모습을 보고 어머니는 마음이 편치 않았어요. 그때마다 어머니는 늘 이렇게 말했지요.

"애야, 하늘이 무너져도 솟아날 구멍이 있는 법이다. 그렇게 낙심하지 말고 잘 생각해 보면 신통한 방법이 떠오르지 않겠니?"

그 말에 도종의는 밥을 먹으면서도, 밭일을 하면서도, 틈만 나면 글을 쓸 방법을 궁리하고 또 궁리했지요.

그러던 어느 날, 도종의는 아궁이에서 불을 때다가 번뜩 좋은 생각이 떠올랐어요.

"옳지! 방법이 여기 있었구나!"

도종의는 불을 땔 때마다 쓸 만한 숯검정을 골라 들로 나갔어요. 그리고 일하다가 좋은 글귀나 생각이 떠오르면 곧바로 숯검정으로 주위에 있는 나뭇잎에 적었지요.

하루도 빠짐없이 이렇게 글을 쓰다 보니, 글이 적힌 나뭇잎이 헤아릴 수 없이 쌓이면서 도종의의 실력은 점점 탄탄해졌지요. 덕분에 도종의는 훗날 『철경록』이라는 뛰어난 작품을 써낼 수 있었어요.

'하늘이 무너져도 솟아날 구멍이 있다'라는 속담은 하늘이 무너져 내리더라도 살아 나갈 희망이 반드시 있다는 말이에요. 아무리 어려워도 살길은 있게 마련이니, 너무 실망하거나 미리 포기하지 말라는 뜻이지요.

신선놀음에 도낏자루 썩는 줄 모른다

뜻풀이
재미있는 일에 정신이 팔려서 시간 가는 줄 모르는 경우를 이르는 말.

중국 진나라 때 왕질이라는 나무꾼이 살았어요. 어느 날, 왕질은 여느 때처럼 산으로 나무하러 갔다가 그만 길을 잃고 말았어요.

그때 어디서 딱딱 소리가 들렸어요. 소리 나는 곳으로 가 보니 노인 둘이 바둑을 두고 있었어요. 왕질은 그제야 조금 마음이 놓여 옆에서 바둑 두는 것을 구경했지요. 어찌나 재미있던지 해가 지는 줄도 몰랐어요.

날이 어둑해지자 왕질은 퍼뜩 정신이 들었어요. 그래서 도끼를 들고 일어서다가 깜짝 놀라고 말았어요. 도낏자루를 잡는 순간 자루가 먼지를 일으키며 부서지는 게 아니겠어요?

'이게 어찌 된 일이지?'

왕질은 허둥지둥 산을 내려왔어요.

그런데 마을로 돌아온 왕질은 기절할 뻔했어요. 마을 모습은 분명 그대로인데 아는 얼굴이 하나도 없었기 때문이에요. 왕질은 자기가 살던 집으로 가서 물어봤어요.

"혹시 왕질이라는 사람을 아시오?"

"왕질이라고요? 그분은 우리 할아버지신데, 산에 나무하러 갔다가 돌아오지 않으셨대요."

알고 보니 산속에서 만난 노인들은 신선이었던 거예요. 신선의 세계와 인간의 세계는 모든 것이 달라요. 왕질은 신선들의 놀음을 잠깐 구경했을 뿐이지만 인간 세계에서는 그 시간이 도낏자루가 썩을 만큼 긴 시간이었지요.

이 이야기처럼 재미있는 일에 정신이 팔려 시간 가는 줄도 모를 때 '신선놀음에 도낏자루 썩는 줄 모른다'라는 말을 쓴답니다.

평안 감사도 저 싫으면 그만이다

> **뜻풀이**
> 아무리 좋은 일이라도 할 사람의 마음이 내키지 않으면 억지로 시킬 수 없다는 말.

장자는 중국의 유명한 철학자예요. 아는 것이 많고 지혜가 뛰어나 여러 나라 임금들이 자주 의견을 묻곤 했지요.

장자는 별다른 벼슬 없이 낚시를 하며 하르하루를 지냈어요. 어느 날, 초나라 왕이 장자에게 나랏일을 맡기려고 사신을 보냈어요.

장자는 벌써 눈치챈 듯 사신을 보지도 않은 채 대답했어요.

"듣자 하니 초나라에는 죽은 지 3천 년이나 된 신령한 거북이 있다면서요. 왕께서 사당에 잘 모셔 두었다고 하던데, 사실입니까?"

"예, 그렇습니다."

장자는 웃으며 말을 이었어요.

"그 거북은 죽어서 그렇게 귀하게 대접받기를 바랐을까요, 아니면 살아서 진흙 밭을 굴러다니기를 바랐을까요?"

"그야 물론 살아서 진흙 밭을 굴러다니는 쪽을 바랐겠지요."

그러자 장자는 더는 할 말이 없다는 듯 고개를 저었어요.

"그런 줄 아신다면 이제 돌아가시오. 나도 임금에게 대접받으며 벼슬살이를 하는 것보다, 지금처럼 평범하고 자유롭게 내 삶을 사는 것이 좋다오."

귀한 벼슬자리를 마다한 장자처럼, 아무리 좋은 일도 당사자가 마다하면 억지로 시킬 수 없다는 뜻으로 '평안 감사도 저 싫으면 그만이다'라는 속담을 써요.

한반도 북쪽에 있는 평안도는 예부터 무역이 활발해 큰돈이 오가는 지방이었어요. 그런 만큼 평안 감사는 위세가 대단한 자리여서 관리들이 서로 맡으려고 했던 관직이에요. 그렇지만 이렇게 서로 탐내는 자리도 자기가 싫으면 어쩔 도리가 없답니다.

호랑이는 죽어서 가죽을 남기고, 사람은 죽어서 이름을 남긴다

뜻풀이

호랑이가 죽으면 귀한 가죽을 남기듯이 사람은 살아 있는 동안 훌륭한 일을 하여 후세에 명예로운 이름을 남겨야 한다는 뜻.

중국 양나라는 나라 안에서 분쟁이 일어난 데다, 당나라를 계승한 후당이 쳐들어와 계속 어려움을 겪고 있었어요.
　"누구를 내보내야 후당에 대적할 수 있을꼬?"
　그때 양나라에는 왕언장이라는 용맹한 장수가 있었어요. 왕언장은 끝까지 용감하게 싸웠지만 후당과의 싸움에서 승리를 거두기는 어려웠어요. 군사 수가 너무 적은 데다 군사들은 하나같이 패배감에 사로잡혀 있었거든요. 마침내 왕언장은 큰 부상을 입고 적에게 사로잡히고 말았어요.
　'비록 적군이지만 죽이기에는 정말 아까운 장수야.'
　후당의 임금은 왕언장에게 자기 부하가 되라고 꾀었어요. 그러나 왕언장은 단호히 말했어요.
　"어찌 아침에는 양나라를 섬기고 저녁에는 후당을 섬길 수 있겠습니까!"
　왕언장이 명예로운 죽음을 택하자 사람들은 이렇게 말했어요.
　"평소에 그는 '호랑이는 죽어서 가죽을 남기고, 사람은 죽어서 이름을 남긴다'는 말을 자주 했었지. 결국 자기 뜻대로 된 걸세."
　예부터 호랑이 가죽은 아주 귀했어요. 옛사람들은 호랑이 가죽으로 옷을 해 입기도 하고, 귀신을 쫓는 의미로 벽에 걸거나 바닥에 깔기도 했지요. '호랑이는 죽어서 가죽을 남기고, 사람은 죽어서 이름을 남긴다'라는 속담은 호랑이가 죽어서도 귀한 가죽을 남기듯이 사람도 후세에 본보기가 될 만큼 가치 있는 삶을 살아야 한다는 뜻이에요.

될성부른 나무는 떡잎부터 알아본다

- **뜻풀이**
- 잘될 사람은 어려서부터 자질이 다르고 장래성이 엿보인다는 뜻.
- **비슷한 속담**: 하나를 보면 열을 안다.

조선 시대의 뛰어난 장군 임경업은 어려서부터 병정놀이를 무척 좋아했어요. 꿈이 뭐냐고 물으면 항상 멋진 장군이 되겠다고 대답할 정도였답니다.

어느 날, 어린 경업은 마을 친구들과 병정놀이를 하고 있었어요. 놀이를 할 때도 임경업은 늘 장군을 맡았어요. 한창 신나게 병정놀이를 하고 있을 때, 어디서 나팔 소리가 들렸어요.

"사또 나리 행차요!"

앞선 사령이 외치자 아이들은 사또의 행차를 구경했어요. 그런데 어린 경업이 갑자기 그 길을 가로막아 섰어요.

"웬 놈이냐! 어서 썩 비키지 못할까!"

사령의 불호령에도 어린 경업은 위엄 있게 대답했어요.

"여기는 우리 진영입니다. 남의 진영을 지나갈 때는 허락을 받아야 합니다."

사또는 어린 경업의 말에 감탄했어요.

"네 말이 맞다. 남의 진영을 함부로 지나는 건 군대의 법도가 아니지. 될성부른 나무는 떡잎부터 알아본다더니, 너는 분명히 큰 인물이 되겠구나. 그 기개를 잃지 않도록 해라."

임경업의 당당함에 사또는 정말 행차를 돌렸다고 해요.

'될성부른 나무는 떡잎부터 알아본다'라는 말은 장차 크게 될 사람은 어릴 때부터 남다른 점이 보인다는 뜻이에요. 식물은 씨를 심어 떡잎이 나오면 그 떡잎을 보고 잘 자랄지를 가늠한답니다. 마찬가지로 사람도 어린 시절의 행실과 품성을 토대로 장래의 모습을 상상할 수 있는 거예요.

5장
세상의 이치를 담은 속담

낮말은 새가 듣고 밤말은 쥐가 듣는다

뜻풀이
아무리 비밀스레 한 말이라도 반드시 남의 귀에 들어가게 된다는 뜻.

비슷한 속담: 발 없는 말이 천 리 간다.

어느 날, 임금이 급히 영의정을 궁으로 불러들였어요. 워낙 중요한 일이라 임금은 주위 사람들을 다 나가게 하고 조심스레 말했어요.

"긴급히 의논할 일은 다름이 아니라 전쟁에 관한 걸세."

옆 나라가 침략해 전쟁이 일어날지도 모른다는 첩보가 들어왔던 거예요. 이 소식이 퍼지면 백성들이 불안에 휩싸일지 모르니, 왕과 영의정은 비밀리에 대책을 세웠어요.

그때 푸르스름한 파리 한 마리가 날아왔어요. 영의정은 대수롭지 않게 파리를 휘휘 쫓았지요.

그런데 며칠 뒤에 이상한 일이 일어났어요. 두 사람이 철석같이 비밀로 했던 이야기가 어느새 장안에 쫙 퍼져 있었지 뭐예요.

"저는 정말 아무에게도 말하지 않았습니다."

임금 앞에 불려 온 영의정은 펄쩍 뛰었어요. 그래서 장안에 소문을 퍼뜨린 사람들을 찾아 데려와 보니 모두 똑같은 말을 했어요.

"저는 아무 잘못이 없습니다. 푸른 옷을 입은 어떤 아이가 '곧 전쟁이 일어날 것이오!' 하고 외치는 소리를 들었을 뿐입니다."

그 순간 영의정은 퍼뜩 떠오르는 것이 하나 있었어요.

"옳거니! 아마도 내가 궁에서 임금님과 의논할 때 날아왔던 파리가 사람 모습으로 나타난 것 같군."

영의정은 앞으로 말을 더욱 조심해야겠다고 다짐했어요.

이 이야기처럼 오랜 옛날부터 우리 조상들은 말이란 아무리 조심해도 결국 소리 없이 새어 나간다는 것을 알고 있었어요. '낮말은 새가 듣고, 밤말은 쥐가 듣는다'라는 속담은 몰래 하는 말도 낮이고 밤이고 듣는 이가 있으니 언제 어디서나 말을 조심하라는 뜻이에요.

뛰는 놈 위에 나는 놈 있다

> **뜻풀이**
> 아무리 재주가 뛰어나더라도 그보다 더 뛰어난 사람이 있으니 함부로 잘난 척해서는 안 된다는 말.

이삼은 어려서부터 힘이 세기로 유명했어요. 특히 씨름을 잘해서, 씨름 대회에 나갔다 하면 언제나 일등을 했어요.

'천하에 힘은 내가 제일이다!'

이삼의 자신감은 하늘을 찔렀어요.

어느덧 이삼은 나이가 차서 결혼을 했어요. 부인은 이삼보다 훨씬 지혜롭고 힘이 셌지만, 이 사실을 아는 사람은 아무도 없었어요. 부인은 이삼이 힘을 자랑하고 으스대는 모습을 보고 걱정했어요.

'사람은 항상 겸손해야 하거늘 장차 큰일을 하실 분이 자만심으로 일을 그르칠까 걱정이구나.'

부인은 이삼을 위해 꾀를 내었어요. 남장을 하고 마을에서 열리는 아주 큰 씨름 대회에 나간 거예요.

"이번에도 우승은 나야, 나!"

과연 아무도 이삼을 당해 내지 못했어요. 드디어 결승전에 오른 이삼은 남장을 한 부인과 만났어요. 부인은 이삼을 번쩍 들어 모래밭에 툭 내동댕이치고 우승을 했답니다. 그러고는 상품으로 주는 황소도 받지 않고 조용히 대회장에서 사라졌지요.

나중에 이 사실을 안 이삼은 부끄러워 견딜 수가 없었어요.

'뛰는 놈 위에 나는 놈 있는 법이거늘 내가 너무 오만했구나.'

소가 아무리 빨리 달려도 사슴보다 빠르지 못하고, 사슴이 아무리 빨리 달려도 독수리만큼 빠르지는 못하지요. '뛰는 놈 위에 나는 놈 있다'라는 속담은 자기 재능이 아무리 뛰어나더라도 더 뛰어난 사람이 있으니 함부로 잘난 척하면 안 된다는 점을 깨우쳐 준답니다.

고생 끝에 낙이 온다

뜻풀이
어려운 일을 겪은 뒤에는 반드시 즐겁고 좋은 일이 생긴다는 말.

비슷한 속담: 쥐구멍에도 볕 들 날 있다.

비슷한 사자성어: 고진감래(苦盡甘來)
뜻 쓴 것이 다하면 단 것이 온다는 뜻.

옛날 어느 마을에 재길이라는 소년이 살았어요. 재길이는 집이 가난해서 건넛마을 대감 댁에서 3년 동안 머슴살이를 하기로 했어요.

재길이는 꾀를 부리지 않고 열심히 일했어요. 너무 힘들어서 몇 번이고 그만두고 싶은 때가 있었지만, 그때마다 조금만 더 힘내자며 마음을 다잡았지요.

어느덧 3년이 흘러 재길이는 제법 돈을 모아 집으로 돌아갈 수 있게 되었어요. 마지막 날에 대감은 한 가지 부탁을 했어요.

"내일이면 꼭 3년이 되는구나. 그동안 고생 많았다. 마지막으로 오늘 밤에 가느다란 새끼 좀 꼬아 주고 갔으면 좋겠구나."

그런데 솔직히 재길이는 새끼를 꼬기가 싫었어요.

'치, 내일이면 떠날 턴데 무슨 일을 밤까지 시켜?'

재길이는 대충 할까 했지만, 마음을 고쳐먹고 부지런히 새끼를 꼬았어요.

이튿날 아침, 대감이 말했어요.

"광에 가면 엽전이 쌓여 있을 게다. 어젯밤 네가 꼰 새끼에 꿸 수 있을 만큼 가져가거라."

재길이가 꼰 새끼는 가늘고 튼튼해서 엽전을 꿰기 쉬웠어요. 고생 끝에 낙이 온다는 말은 이럴 때를 두고 생긴 것 같았지요.

'고생 끝에 낙이 온다'에서 '낙'은 즐거움(樂. 즐거울 락)을 뜻해요. 살다 보면 괴롭고 힘든 일이 닥칠 때가 있어요. 그렇지만 그 힘든 시기가 지나가면 그 뒤에는 좋은 일이 생기게 마련이에요. 따라서 힘들더라도 참고 견뎌 보라는 격려의 의미가 담긴 속담이랍니다.

천 리 길도 한 걸음부터

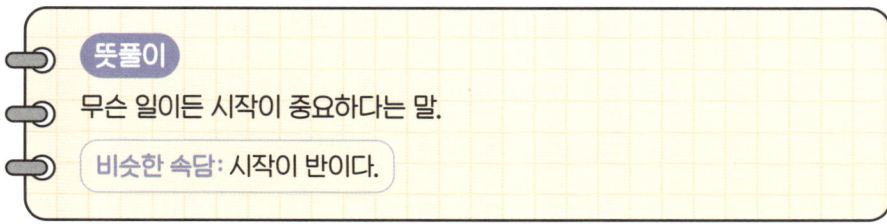

뜻풀이
무슨 일이든 시작이 중요하다는 말.

비슷한 속담: 시작이 반이다.

중국에는 비단길이라 불리는 큰길이 있었어요. 도자기나 비단, 향수 따위를 사고파는 여러 나라 상인들이 오가는 곳이었지요. 그런데 길이 워낙 험하고 위험한 동물이나 도적이 많아서 아무나 선뜻 그 길을 나서지는 못했어요.

"지난달에 비단길로 떠난 김 서방 소식 들었나? 도적에게 잡혀 가진 걸 모두 잃었다더군."

"에그, 그렇게 무서워서야 어디 그 길을 가겠나. 차라리 시작도 하지 않는 편이 좋아."

그러던 어느 날, 한 청년이 다른 나라에 옷감을 팔기 위해 비단길로 가겠다고 했어요. 청년의 어머니는 청년을 말렸지요.

"길이 너무 멀고 험한데 다른 나라까지 어찌 가려고 그러느냐?"

"천 리 길도 한 걸음부터라고 하잖아요. 일단 나서야 뭐라도 해내지 않겠습니까."

청년은 그렇게 집을 나섰어요. 어머니는 청년이 무사하기를 바라며 매일매일 기도를 올렸어요. 몇 년 뒤, 청년이 집으로 돌아왔을 때 어머니는 깜짝 놀랐어요. 비단길을 건너간 청년은 장사에 성공하여 아주 큰 부자가 되었거든요.

'천 리'는 지금으로 치면 서울에서 부산까지 가는 거리예요. '천 리 길도 한 걸음부터'라는 말은 천 리나 되는 먼 곳도 지금 한 걸음을 내디뎌야 갈 수 있다는 말이에요. 그러니까 무슨 일이든 시작이 중요하다는 뜻이지요.

물이 깊어야 고기가 모인다

🔖 **뜻풀이**
자기에게 덕망이 있어야 사람들이 따르게 된다는 뜻.

옛날 어느 외딴 암자에 생각이 깊기로 널리 알려진 스님 한 분이 계셨어요. 마을 사람들은 어려운 일이 생기면 이 스님을 찾아가 지혜를 구하곤 했지요.

그 마을에는 아주 교만한 선비가 살고 있었어요. 이 선비는 스스로 학식이 높다고 생각했답니다. 그래서 마을 사람들의 존경을 받는 스님을 질투했어요.

'흥, 나이 먹은 중이 알면 뭘 얼마나 알겠어? 내가 훨씬 똑똑한데.'
선비는 스님의 기를 꺾어 놓겠다며 암자로 찾아갔어요.
"저는 스님의 지혜를 얻고자 찾아왔습니다."

선비는 고개를 빳빳이 쳐들고 말했어요. 스님은 아무 말 없이 뜨거운 차를 작은 찻잔에 그득 채워 대접했어요. 그런데 찻잔이 너무 뜨거워서 선비는 찻잔을 들 수가 없었어요.

"물이 너무 뜨거우면 찬물을 부어 드시지요."

그러자 선비가 발끈하며 대답했어요.

"이렇게 물이 가득한데 어떻게 더 물을 부으라는 말씀입니까?"

"선비님의 머릿속도 생각과 지식으로 가득 차 있는데 어찌 제 이야기가 들어갈 수 있겠습니까. 진정으로 배우고자 한다면 먼저 자기 자신을 비워야 합니다."

스님의 말에 선비는 부끄러워 얼른 암자를 나왔어요.

'물이 깊어야 고기가 모인다'라는 속담은 자기 덕이 커야 남들이 많이 따른다는 뜻이에요. 깊은 바다에 수많은 고기가 모이는 것처럼 성품이 좋은 사람에게는 많은 사람이 모이기 마련이랍니다.

윗물이 맑아야 아랫물이 맑다

> **뜻풀이**
> 윗사람이 바르고 잘해야 아랫사람이 윗사람을 본받아 잘하게 된다는 뜻.

옛날에 어느 사치스러운 왕은 값비싼 비단옷을 즐겨 입기로 유명했어요. 왕이 비단옷만 입자, 아첨하기 좋아하는 신하들도 비단옷을 따라 입었어요.

'좋은 비단옷을 입으면 왕의 관심을 받을 수 있을지 몰라.'

시간이 지나자 이제는 백성들까지 비단옷을 즐겨 입었어요.

'관직에 오르려면 잘 보여야 하니 나도 비단옷을 입어 볼까?'

이렇게 너도나도 비단옷을 즐겨 입다 보니 비단 가격이 크게 오르고 말았어요. 이 소문이 왕의 귀에까지 들어가자, 왕은 당장 물가를 담당하는 관리를 불렀어요.

"비단이 엄청나게 비싸졌다고 들었다. 비단 가격을 예전처럼 돌려놓아라!"

그러자 그 관리는 죽을 각오를 하고 솔직하게 말했어요.

"전하! 비단 가격을 내리는 것은 어려운 일이 아닙니다. 전하께서 먼저 비단옷을 입지 않으시면 됩니다. 윗물이 맑아야 아랫물이 맑은 법입니다. 전하께서 모범을 보이시면 대신들과 백성들은 저절로 전하를 따를 것입니다."

왕은 기분이 나빴지만 그 관리의 말을 따랐어요. 과연 왕이 비단옷에 집착하지 않자 신하들도 백성들도 예전처럼 비단옷을 덜 입게 되었고, 비단 가격은 다시 본래대로 돌아왔어요.

물은 위에서 아래로 흘러요. 그러니 위에서 흘러내리는 물이 더러운데 아래에 있는 물이 깨끗할 수는 없겠지요. 이처럼 '윗물이 맑아야 아랫물이 맑다'라는 말은 윗사람이 잘하면 아랫사람도 따라서 잘하게 된다는 뜻이랍니다.

뿌린 대로 거둔다

뜻풀이
모든 일은 원인에 따라 그에 걸맞은 결과가 생긴다는 뜻.

비슷한 속담: 콩 심은 데 콩 나고 팥 심은 데 팥 난다.

옛날에 어느 청년이 남의 집에서 몇 년 동안 머슴살이를 하고 품삯으로 금덩이 한 개를 받았어요. 집으로 돌아가던 날, 청년은 날이 저물어 주막에서 하룻밤을 묵었어요. 이튿날 아침에 다시 길을 나선 청년은 한참을 가다가 주막에 금덩이를 두고 왔다는 사실을 깨달았어요. 청년이 화들짝 놀라 발길을 돌렸을 때, 멀리서 주막집 주인이 급히 달려오고 있었어요.

"젊은 사람이 이리 귀한 것을 흘리면 어쩌나. 자, 얼른 받게."

청년은 눈물을 흘리며 고마워했어요. 그리고 다시 길을 걸었지요.

그런데 얼마 가지 않아 강물에 웬 어린아이가 떠내려가고 있는 것을 보았어요. 헤엄을 치지 못하는 청년은 발만 동동 구르다가 금덩이를 들고 소리쳤어요.

"저 아이를 구해 주는 사람에게 이 금덩이를 드리겠습니다!"

청년의 말이 떨어지기 무섭게 어떤 사람이 강물로 뛰어들어 아이를 구했어요. 청년은 약속대로 그 사람에게 금덩어리를 건넸지요. 알고 보니 물에 빠진 아이는 바로 주막집 주인의 손자였어요.

"내 손자를 구하느라 귀한 금덩이를 썼으니 이를 어쩌나?"

주막집 주인의 말에 청년은 고개를 가로저으며 말했어요.

"할아버지가 제 금덩이를 돌려주신 덕분에 이렇게 손자 목숨을 구하게 된 거지요."

할아버지가 바른 마음을 품고 행동해서 손자를 살리게 된 것처럼, 사람의 마음도 들판의 곡식도 모두 뿌린 대로 거두게 마련이에요. '뿌린 대로 거둔다'라는 속담은 좋은 행동에는 좋은 결과가, 나쁜 행동에는 나쁜 결과가 따른다는 뜻이랍니다.

입에 쓴 약이 병에는 좋다

뜻풀이
자기에 대한 충고나 비판이 당장은 듣기 싫지만, 그것을 달게 받아들이면 자기한테 이롭다는 뜻.

옛날에 어느 방탕한 왕이 백성을 돌볼 생각은 하지 않고 궁궐을 짓거나 잔치를 여는 데 나랏돈을 다 썼어요. 자연스리 나라 살림이 어려워지고 왕도 나날이 병들어 갔지요.

신하들이 더는 지켜볼 수 없어 왕에게 아뢰었어요.

"전하, 나라의 살림과 옥체가 함께 병들고 있나이다. 이제 궁궐도 그만 짓고 날마다 벌이는 잔치도 그만두소서!"

그러나 왕은 신하들의 충언을 귓등으로 흘려보냈어요.

"듣기 싫으니 썩 물러가시오!"

신하들은 왕의 어머니인 왕대비를 찾아갔어요. 왕대비는 깊이 생각한 끝에 약을 달여 왕에게 가져갔어요.

"요즘 몸이 허하신 것 같아 이 어미가 직접 달였으니 드시지요."

왕은 약을 쭉 들이켰어요. 어찌나 쓴지 얼굴이 저절로 찡그려졌지요. 그 모습을 보고 왕대비는 이렇게 말했어요.

"상감, 지금 드신 약이 많이 쓰지요? 그러나 입에 쓴 약이 병에는 좋은 법입니다. 그러니 신하들의 충고를 입에 쓴 약이라 여기고, 당장 듣기엔 괴롭겠지만 나라와 백성을 위해 받아들이셔야 합니다."

왕은 어머니의 말을 듣고 부끄러움을 느꼈어요. 그래서 그날부터 마음을 고쳐먹고 나랏일을 돌보았답니다.

예부터 한의학에서 좋은 약재는 쓴맛이 나는 약초가 대부분이었어요. 그래서 약을 달이면 아주 썼지요. '입에 쓴 약이 병에는 좋다'라는 말은 너무 써서 먹기 힘든 약이 병을 고치는 것처럼, 따끔한 충고나 비판이 당장은 듣기 싫어도 자기에게는 꼭 필요한 말이니 고맙게 여기고 받아들여야 한다는 뜻이에요.

지성이면 감천

뜻풀이

무슨 일이든 정성을 다하면 어려운 일도 순조롭게 풀려 좋은 결과를 맺는다는 뜻.

조선의 3대 임금 태종은 나라를 다스리는 동안 백성을 위해 많은 제도를 고치고 새로 만들었어요.

그러던 어느 해, 태종은 병으로 앓아눕고 말았어요.

'나야 이제 죽어도 괜찮지만, 가뭄이 길어 백성들은 어찌 살꼬.'

그해에는 가뭄이 유난히 심해 농사짓는 백성들의 근심이 이만저만이 아니었어요. 태종은 자리에 누워서도 그것을 걱정했지요.

'내가 덕이 부족하여 하늘이 비를 내려 주시지 않는 것인가……'

태종은 신하들 앞에서 마지막으로 온 힘을 다해 말했어요.

"내가 죽으면 하늘에 계신 신께 간곡히 청하여 반드시 비를 얻어 보내리라."

태종은 이렇게 말하고 숨을 거두었어요. 그런데 그날 밤, 그렇게 쨍쨍하던 하늘에 먹구름이 끼더니 드디어 비가 내렸어요.

"비다! 비가 온다!"

"전하께서 비를 보내신 게 틀림없어!"

사람들은 하늘이 태종의 마음에 감동해서 비를 내려 주었다고 믿었어요.

태종의 이런 마음을 빗대어 '지성이면 감천'이라고 해요. '지성(至誠)'은 '지극한 정성', '감천(感天)'은 '하늘이 감동한다'는 뜻이에요. 어떤 일에 지극한 정성을 기울이면 하늘이 감동해서 도와준다는 말이지요. 무슨 일에든 정성을 다하면 아주 어려운 일도 아무 탈 없이 잘 해낼 수 있답니다.

피는 물보다 진하다

- 뜻풀이
- 피를 나눈 가족 간의 정이 깊음을 이르는 말.
- 비슷한 속담: 팔이 안으로 굽는다.

먼 옛날, 중국의 임회라는 부자에게는 귀한 구슬이 있었어요. 워낙 값나가는 구슬이라 임회는 남부러울 것이 없었답니다.

그런데 어느 날, 임회의 아들이 사라졌어요. 누가 데리고 간 것인지, 아들이 잘못해서 길을 잃은 것인지 통 알 수가 없었지요.

"아들아, 땅으로 꺼졌느냐 하늘로 솟았느냐. 흑흑."

며칠 밤을 눈물로 지새운 임회는 귀한 구슬을 짊어지고 아들을 찾아 방방곡곡을 헤맸어요. 그러나 어디에서도 아들을 찾을 수가 없었어요. 어느 순간 임회는 자기 등에 짊어진 구슬을 생각했어요.

'이 구슬이 아무리 귀하면 뭐 하나. 구슬이 너무 무거워 아들을 제대로 찾으러 다닐 수가 없는걸.'

임회는 아들을 하루라도 더 빨리 찾기 위해 무거운 구슬을 버렸어요. 그러고는 아들을 찾을 수 있다는 믿음으로 온 땅을 뒤졌어요.

드디어 임회는 낯선 장에서 잃어버린 아들을 찾았어요.

"아들아!"

"아버지!"

부자는 얼싸안고 눈물을 흘렸어요. 임회는 아들을 등에 업고 집으로 돌아갔어요. 임회는 무거운 아들을 업고 달리면서도 전혀 힘든 줄을 몰랐답니다. 이처럼 자식을 위해서라면 값나가는 구슬도 단박에 버릴 만큼 진한 사랑이 바로 부모의 사랑이에요.

피를 나눈 가족 간의 정을 말할 때 흔히 '피는 물보다 진하다'라는 속담을 써요. 피로 맺어진 가족 간의 정이 깊은 것을 표현하는 말이지요.

팔십 노인도 세 살 먹은 아이한테 배울 것이 있다

뜻풀이
나이 어린 아이의 말이라도 때로 새겨들을 만한 것이 있으니 덮어놓고 무시하지 말고 귀담아들어야 한다는 뜻.

옛날 어느 마을에 마음씨 고약한 군수가 있었어요. 군수는 아랫사람이나 백성들에게 말도 안 되는 일을 시켜 괴롭혔어요.

어느 날, 군수는 아랫사람인 좌수를 불러 말했어요.

"딸기가 몹시 먹고 싶으니 딸기를 가져오너라."

좌수는 그날로 앓아눕고 말았어요. 때는 한겨울이라 딸기가 있을 리 없었거든요. 집안 식구들이 발만 동동 구를 때, 좌수의 열 살 난 아들이 군수를 찾아갔어요.

"군수님, 저희 아버지께서 딸기를 따시다가 그만 독사에 물려 지금 목숨이 위태로운 지경이옵니다."

군수는 그 말에 인상을 찡그리며 화를 냈어요.

"이놈이 어디서 감히 거짓말을 하느냐! 이렇게 추운 겨울에 독사가 있다는 게 말이 되느냐!"

"그럼 이 겨울에 딸기를 가져오라는 건 말이 되는 일이옵니까?"

그러자 군수는 부끄러워서 차마 얼굴을 들 수가 없었어요. 어린아이의 지혜에 크게 깨달은 점이 있어 군수는 그 뒤로 새사람이 되었답니다.

흔히 나이를 먹을수록 지혜로워진다고 생각해요. 그리고 어른들은 늘 어린아이들을 가르쳐야 할 대상으로만 바라봅니다. 그러나 나이 많은 노인도 아이한테 배울 것이 있는 법이에요. '팔십 노인도 세 살 먹은 아이한테 배울 것이 있다'라는 속담은 아이의 말이라도 때로 새겨들을 것이 있으니 덮어놓고 무시하지 말라는 뜻이에요.

찾아보기

ㄱ

가는 날이 장날 14

가는 말이 고와야 오는 말이 곱다 68

가는 정이 있어야 오는 정이 있다 68

가재는 게 편 38

간에 붙었다 쓸개에 붙었다 한다 72

같은 값이면 다홍치마 18

개구리 올챙이 적 생각 못 한다 44

개똥도 약에 쓰려면 없다 28

고래 싸움에 새우 등 터진다 40

고생 끝에 낙이 온다 138

고슴도치도 제 새끼는 함함하다고 한다 50

공든 탑이 무너지랴 104

구관이 명관이다 26

구더기 무서워 장 못 담글까 32

구르는 돌은 이끼가 끼지 않는다 106

구슬이 서 말이라도 꿰어야 보배 30

굶어 죽기는 정승 하기보다 어렵다 114

굼벵이도 구르는 재주가 있다 54

금강산도 식후경 86

까마귀 날자 배 떨어진다 58

꿈보다 해몽이 좋다 74

꿩 먹고 알 먹고 42

ㄴ

낙숫물이 댓돌을 뚫는다 112

남의 떡이 더 커 보인다 80

남의 밥그릇이 더 커 보인다 80

남의 제사에 감 놔라 배 놔라 한다 92

낫 놓고 기역 자도 모른다 20

낮말은 새가 듣고 밤말은 쥐가 듣는다 134

내 코가 석 자 78

ㄷ

닭 쫓던 개 지붕 쳐다본다 56

도랑 치고 가재 잡고 42

돌도 십 년을 보고 있으면 구멍이 뚫린다 104

되로 주고 말로 받는다 16

될성부른 나무는 떡잎부터 알아본다 130
등잔 밑이 어둡다 22
떡 줄 사람은 생각도 않는데 김칫국부터 마신다 24
똥 누러 갈 적 다르고 올 적 다르다 84
뛰는 놈 위에 나는 놈 있다 136

바다는 메워도 사람 욕심은 못 채운다 88
발 없는 말이 천 리 간다 134
뱁새가 황새 따라가면 가랑이 찢어진다 52
부뚜막의 소금도 집어넣어야 짜다 30
뿌린 대로 거둔다 146

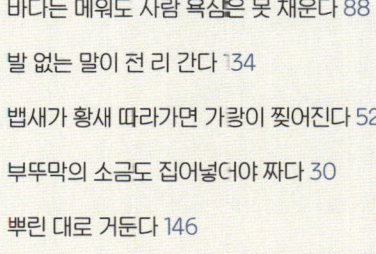

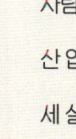

말이 씨가 된다 108
먼지도 쌓이면 큰 산이 된다 120
무쇠도 갈면 바늘이 된다 112
물이 깊어야 고기가 모인다 142
미꾸라지 한 마리가 온 웅덩이를 흐려 놓는다 60
미운 놈 떡 하나 더 준다 96

사람이 죽으란 법은 없다 122
산 입에 거미줄 치랴 114
세 살 버릇 여든까지 간다 100
소 잃고 외양간 고친다 10
송충이는 솔잎을 먹어야 한다 52
쇠귀에 경 읽기 46
수염이 대 자라도 먹어야 양반이다 86
시작이 반이다 140
신선놀음에 도낏자루 썩는 줄 모른다 124

바늘 도둑이 소도둑 된다 70
바늘구멍으로 하늘 보기 48

찾아보기

ㅇ

아니 땐 굴뚝에 연기 나랴 12
어물전 망신은 꼴뚜기가 시킨다 60
열 번 찍어 안 넘어가는 나무 없다 118
오비이락 58
우물 안 개구리 48
우물을 파도 한 우물을 파라 110
우이독경 46
웃는 낯에 침 못 뱉는다 94
윗물이 맑아야 아랫물이 맑다 144
이 없으면 잇몸으로 산다 76
이미 쏘아 놓은 살이요, 엎지른 물이다 116
이미 엎질러진 물이다 116
일석이조 42
입에 쓴 약이 병에는 좋다 148

ㅈ, ㅊ

잘되면 제 탓, 안되면 조상 탓 90
저 먹자니 싫고 남 주자니 아깝다 82
제 꾀에 제가 넘어간다 98
제 발등을 제가 찍는다 98
제 버릇 개 못 준다 100
쥐구멍에도 볕 들 날 있다 138
쥐도 궁지에 몰리면 고양이를 문다 62
지렁이도 밟으면 꿈틀한다 62
지성이면 감천 150
천 리 길도 한 걸음부터 140
초록은 동색 38

ㅋ, ㅌ, ㅍ

콩 심은 데 콩 나고 팥 심은 데 팥 난다 146
콩으로 메주를 쑨다 해도 곧이듣지 않는다 34
티끌 모아 태산 120
팔십 노인도 세 살 먹은 아이한테 배울 것이 있다 154
팔이 안으로 굽는다 152
평안 감사도 저 싫으면 그만이다 126
피는 물보다 진하다 152

하나를 보면 열을 안다 130

하늘이 무너져도 솟아날 구멍이 있다 64, 122

호랑이 제 새끼 안 잡아먹는다 50

호랑이는 죽어서 가죽을 남기고,
사람은 죽어서 이름을 남긴다 128

호랑이에게 물려 가도 정신만 차리면 산다 64

흐르는 물은 썩지 않는다 106

참고 문헌

『속담사전』, 이기문, 일조각, 2014년
『우리말 절대지식』, 김승용, 동아시아, 2016년

참고 자료

국립국어원, 『표준국어대사전』
국립국어원, 「우리말샘」
한국학중앙연구원, 「한국민족문화대백과사전」

읽다 보면 문해력이 저절로

초판 1쇄 발행 2024년 4월 1일
초판 5쇄 발행 2025년 10월 13일

글쓴이 우리누리 | **그린이** 이창우

발행인 이종원 | **발행처** ㈜길벗스쿨 | **출판사 등록일** 2025년 5월 28일
주소 서울시 마포구 월드컵로 10길 56(서교동) | **대표전화** 02)332-0931 | **팩스** 02)322-3895
홈페이지 school.gilbut.co.kr | **이메일** gilbut@gilbut.co.kr

기획 및 책임편집 김언수, 배지하 | **제작** 이준호, 손일순, 이진혁
마케팅 양정길, 지하영, 김령희 | **영업유통** 진창섭 | **영업관리** 정경화 | **독자지원** 윤정아
CTP출력 및 인쇄 교보피앤비 | **제본** 경문제책사
디자인 양×호랭 DESIGN | **교정교열** 김미경

잘못 만든 책은 구입한 서점에서 바꿔 드립니다.
이 책은 저작권법에 따라 보호받는 저작물이므로 무단전재와 무단복제를 금합니다.
이 책의 전부 또는 일부를 이용하려면 반드시 사전에 저작권자와 ㈜길벗스쿨의 서면 동의를 받아야 합니다.
인공 지능(AI) 기술 또는 시스템을 훈련하기 위해 이 책의 전체 내용은 물론 일부 문장도 사용하는 것을 금합니다.

ⓒ우리누리, 이창우

ISBN 979-11-6406-717-6(73710) (길벗스쿨 도서번호 200381)

제품명 : 그래서 이런 속담이 생겼대요	**주소** : 서울시 마포구 월드컵로 10길 56(서교동)
제조사명 : ㈜길벗스쿨	**전화번호** : 02-332-0931
제조국명 : 대한민국	**제조년월** : 판권에 별도 표기
사용연령 : 8세 이상	KC마크는 이 제품이 공통안전기준에 적합하였음을 의미합니다.